चिल्ड्रंस इनसाइक्लोपीडिया

लाइफ ऑन अर्थ

Children's Encyclopedia – Life on Earth

पृथ्वी पर मानव एवं जीव जन्तु के अस्तित्व की जानकारी देने वाली बच्चों की उपयोगी पुस्तक

लेखक एवं चित्रकार
ए.एच. हाशमी

संपादक
राजीव गर्ग
एम.ए.सी., एम.टेक

वी एण्ड एस पब्लिशर्स

प्रकाशक

वी एण्ड एस पब्लिशर्स

F-2/16, अंसारी रोड, दरियागंज, नयी दिल्ली-110002
☎ 23240026, 23240027 • *फैक्स:* 011-23240028
E-mail: info@vspublishers.com • *Website:* www.vspublishers.com

क्षेत्रीय कार्यालय : हैदराबाद
5-1-707/1, ब्रिज भवन (सेन्ट्रल बैंक ऑफ इण्डिया लेन के पास)
बैंक स्ट्रीट, कोटी, हैदराबाद-500 095
☎ 040-24737290
E-mail: vspublishershyd@gmail.com

शाखा : मुम्बई
जयवंत इंडस्ट्रिअल इस्टेट, 2nd फ्लोर - 222,
तारदेव रोड अपोजिट सोबो सेन्ट्रल मॉल, मुम्बई - 400 034
☎ 022-23510736
E-mail: vspublishersmum@gmail.com

Follow us on:

All books available at **www.vspublishers.com**

प्रकाशकीय

वी एण्ड एस पब्लिशर्स पिछले अनेक वर्षों से जनरुचि, शैक्षणिक तथा सामान्य ज्ञान की पुस्तकें प्रकाशित करते आ रहे हैं। पुस्तक प्रकाशन की अगली कड़ी में हमने **'चिल्ड्रंस इनसाइक्लोपीडिया - लाइफ ऑन अर्थ'** पुस्तक प्रकाशित किया है।

प्रस्तुत पुस्तक में पृथ्वी पर जीवन का आरम्भ जंतु जगत एवं मानव शरीर की संरचना का समग्र वर्णन किया गया है। इस पुस्तक का लेखन, इस प्रकार किया गया है कि बच्चों को इसमें दिए गये विषय वस्तु को समझने में किसी प्रकार की कठिनाई न हो। प्रत्येक पाठ के साथ उससे सम्बन्धित चित्र भी दिए गये हैं। पुस्तक में विषय से सम्बन्धित चित्रों के होने से बच्चों के लिए सभी तथ्यों को समझना आसान बन गया है।

हमें विश्वास है कि यह पुस्तक विशेष तौर पर बच्चों एवं उनके अभिभावकों को पसंद आएगी। पुस्तक में मिली किसी त्रुटि या सुझाव के लिए हमें आपके पत्रों की प्रतीक्षा रहेगी।

विषय-सूची

01 पृथ्वी पर जीवन (Life on Earth)

भू-वैज्ञानिक काल (Geological Time)

भू-वैज्ञानिक काल पैमाने पर पृथ्वी की उम्र 4.6 अरब वर्ष है। जब से पृथ्वी बनी है, तभी से उसकी सतह पर निरन्तर परिवर्तन होते रहे हैं। पानी तथा वायुमण्डल बनते ही चट्टानों (Rocks) का अपघटन तथा विघटन शुरू हो गया। इन प्रक्रियाओं से स्थल धीरे-धीरे पंक, बालू और बजरी आदि के रूप में महाद्वीपों के किनारों पर जहाँ समुद्र कम गहरा होता है, स्तरों के रूप में जमा होता गया। इन स्तरों में उन प्राणियों के जीवाश्म पाये गये हैं, जो या तो इन स्तरों में रहते थे या इनमें पानी की लहरों द्वारा पहुँच गये। समय गुजरता गया, ये अवसाद सख्त होकर अवसादी चट्टानों (Sedimentary rock) में बदल गये और उनमें दबे प्राणी जीवाश्म या जीव अवशेष (Fossils) बन गये। भू-पर्पटी के ऊपर उठने (Crustal uplift) के कारण ये चट्टान स्थल बन गये और इनके साथ ही जीवाश्म भी ऊपर आ गये। यही कारण है कि जीवाश्म पर्वतों में पाये जाते हैं।

पृथ्वी की पर्पटी का अधिकतर भाग अवसादी चट्टानों से बना हुआ है। इन चट्टानों की विभिन्न परतें इनके जन्म के क्रमानुसार निर्मित हुई हैं। आधुनिक काल में बनी परतें ऊपर पायी जाती हैं और प्राचीन परतें इनके नीचे होती हैं। इसलिए किसी निचले स्तर में पाया जाने वाला जीवाश्म उससे ऊपर के स्तर में पाये जाने वाले जीवाश्म की अपेक्षा अधिक पुराना माना जाता है।

भू-वैज्ञानिकों ने पृथ्वी की आयु तथा विभिन्न चट्टान सतहों की आयु के अनुमान लगाये हैं। ये अनुमान प्रमाणों पर आधारित हैं। समय को मापने में समुद्रों में नमक के एकत्रित होने की दर तथा रेडियो-एक्टिव पदार्थ, जैसे यूरेनियम तथा थोरियम के अर्द्ध जीवनकाल का उपयोग किया गया। कम समय वाली चट्टानों की आयु का निर्धारण अवसादों के अपरदन तथा निक्षेपण की दर के आधार पर किया जाता है। विभिन्न स्थानों के चट्टान स्तरों की तुलना और इनमें पाये जाने वाले जीवाश्मों की तुलना के आधार पर स्तरों की आयु के अनुसार एक क्रम में रखा गया है। इस क्रम की सभी चट्टानों की आयु जोड़ने से भूवैज्ञानिक समय (Geological Time) का निर्धारण किया गया है।

पृथ्वी के भू-वैज्ञानिक काल को दो महान हिस्सों में बाँटा गया है। ये दो भाग हैं : क्रिप्टोजोइक इओन (छुपे जीवन की अवधि) और फेनरोजोइक इओन (प्रदर्शित जीवन की अवधि)। क्रिप्टोजोइक इओन उस काल को दर्शाता है जो कैम्ब्रियन से पहले का है और धरती के आरम्भ काल से सम्बन्धित है। फेनरोजोइक इओन उस काल से सम्बन्धित है, जो कैम्ब्रियन अवधि से आरम्भ होकर आज तक का विवरण देता है।

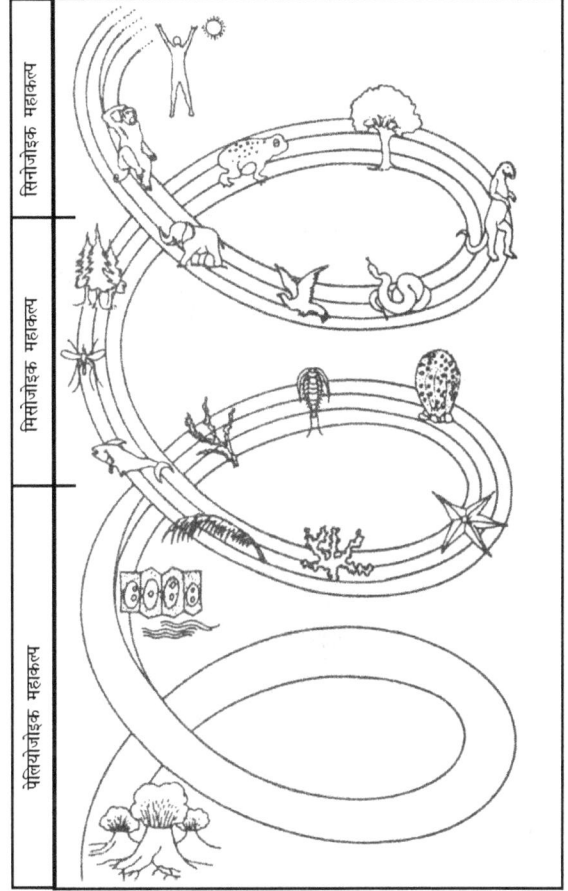

पृथ्वी पर जीवन के विकास का लम्बा मार्ग

कैम्ब्रियन से पहले की अवधि को दो महाकल्पों (Eras) में बाँटा गया है: ये हैं—आर्कियोजोइक महाकल्प और प्रोटेरोजोइक महाकल्प। इसी प्रकार फेनरोजोइक अवधि को तीन महाकल्पों में बाँटा गया है। ये हैं—पेलियोजोइक महाकल्प, मिसोजोइक महाकल्प तथा सिनोजोइक महाकल्प। इन महाकल्पों को कल्पों (Periods) और कल्पों को युगों (Epochs) में बाँटा गया है। जीवन का आरम्भ आर्कियोजोइक महाकल्प में हुआ और सिनोजोइक महाकल्प तक स्तनपायी जीवों का आरम्भ हुआ। इसी युग में लगभग 20,000 वर्ष पहले आधुनिक मनुष्य का जन्म हुआ।

❀❀❀

जीवाश्म (Fossils)

प्राचीनतम युगों में अनेक जीव-जन्तु और पेड़-पौधे उथल-पुथल के कारण धरती के गर्भ में दब गये। धरती की खुदाई करने पर उन्हीं पेड़-पौधों और जन्तुओं के तने, पत्तियाँ, हड्डियाँ, खोल, पदचिह्न आदि अनेक चट्टानों और मिट्टी से प्राप्त होते हैं, जो हमें पृथ्वी का भूतकाल बताते हैं। इन्हीं जीव अवशेषों को जीवाश्म या फॉसिल कहा जाता है। इनसे हमें पृथ्वी के मौसम में हुए परिवर्तन तथा द्वीपों और सागरों के अनेक परिवर्तनों के बारे में पता चला है। इन्हीं के अध्ययन से हमें जीवन के विकास और प्राचीन काल के पेड़-पौधों और जन्तुओं के विषय में जानकारी प्राप्त हुई है। जीवाश्म विज्ञान सन् 1800 में जार्ज कुवीर ने स्थापित की थी।

जीवाश्म बनने में एक लम्बा समय लगता है। जब कभी कोई जन्तु या पौधा झील या समुद्र की तह में गिर कर मर जाता है तो जल्दी ही वह कीचड़ या बालू से ढक जाता है। उसके कोमल अंग गल जाते हैं, लेकिन हड्डियाँ और खोल सुरक्षित रहते हैं। कीचड़ या बालू धीरे-धीरे कठोर चट्टान में बदल जाता है। इस चट्टान में पानी पहुँचता रहता है। पानी में खनिज घुले होते हैं जो हड्डियों और खोल के छिद्रों में पहुँचकर उन्हें धीरे-धीरे पत्थर में परिवर्तित कर देते हैं।

कभी-कभी दबे हुए पेड़ के लट्ठे में खनिजों के सूक्ष्म कण जमा होकर उसे प्रस्तरित लट्ठे (Putrified Log) में बदल देते हैं। ऐरिज़ोना में इस किस्म के पथराये हुए पेड़-पौधों का एक विशाल जंगल है। पत्तियाँ चट्टान में कार्बन की एक पतली परत के रूप में सुरक्षित हो जाती हैं। कुछ जीवाश्म मूल कठोर अंगों का साँचा (Moulds) या कास्ट (Casts) भी होते हैं। जन्तुओं के असली शरीर के भी जीवाश्म होते हैं। कभी-कभी जन्तुओं के शरीर बर्फ में दब जाते हैं और वहाँ हजारों वर्ष तक सुरक्षित रहते हैं।

जीवाश्म तीन प्रकार के होते हैं। पहले वे जिनमें किसी जीवित वस्तु का पूरा शरीर बिना खराब हुए सुरक्षित मिलता है। दूसरे वे जिनमें जन्तुओं की हड्डियाँ, खोल, दाँत, साँचा, पेड़ के तने, पत्तियाँ आदि मिलते हैं। तीसरे वे निशान हैं जो उस समय प्राणियों के कीचड़ या मिट्टी में चलने से बनाये गये थे और उसी दिशा में जमीन में दब गये थे।

जीवाश्मों के अध्ययन से चट्टानों की आयु का पता लगाया जाता है। तथा जीवन की उत्पत्ति के विषय में काफी जानकारी मिली है।

❂❂❂

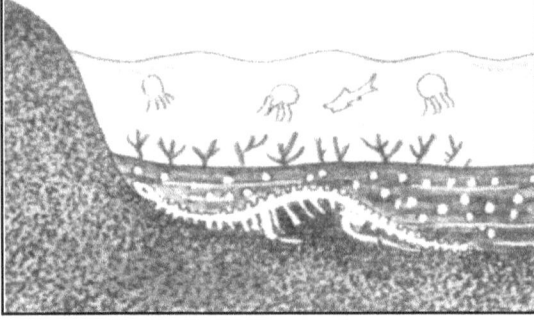

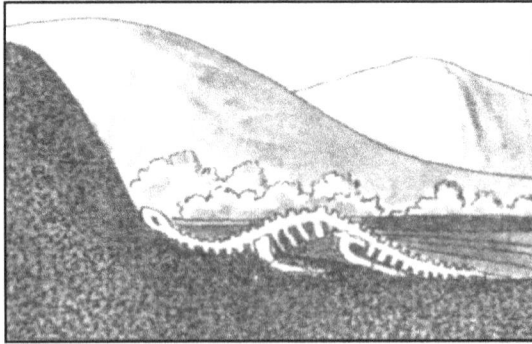

जीवाश्म बनने की प्रक्रिया

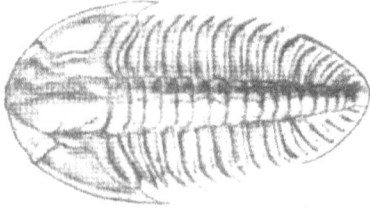

ट्राइलोबाइट का जीवाश्म

सागरों में जीवन का आरम्भ (Life in the Oceans)

विकास-क्रम का इतिहास आर्कियोजोइक महाकल्प से शुरू होता है। आर्कियोजोइक महाकल्प की चट्टानों में किसी भी जीवन के जीवाश्म नहीं प्राप्त हुए हैं, क्योंकि इस समय में एक कोशिकीय जीव ही पैदा हुआ था। यह महाकल्प 15,000 लाख वर्ष पहले था। प्रोटेरोजोइक महाकल्प में अवसादी चट्टानों में कुछ जीवाश्म प्राप्त हुए हैं, जो सम्भवतः शैवाल या जीवाणु हैं। पेलियोजोइक महाकल्प की विभिन्न कालों की चट्टानों में विविध प्रकार के जीवाश्मों का क्रम मिला है। इसलिए पेलियोजोइक महाकल्प को 'प्राचीन जीवन का युग' कहा जाता है। इस महाकल्प में प्राचीन मछलियों, उभयचरों आदि का जन्म हुआ।

पेलियोजोइक महाकल्प (Palaezoic Era) लगभग 57 करोड़ वर्ष पूर्व शुरू हुआ और लगभग 34 करोड़ वर्ष तक चला। भू-वैज्ञानिकों ने इसको 6 कल्पों (Periods) में बाँटा है : कैम्ब्रियन (Cambrian), ऑर्डोविसियन (Ordovician), सिल्यूरियन (Silurian), डिवोनियन (Devonian), कार्बोनिफेरस (Carboniferous) तथा परमियन (Permian)।

पेलियोजोइक महाकल्प के शुरू में सभी पौधे और जन्तु सागरों और महासागरों में रहते थे।

कैम्ब्रियन कल्प (Cambrian Period)

कैम्ब्रियन पुरातन वेल्स का नाम है। यह कल्प 57 करोड़ से 53 करोड़ वर्ष पूर्व तक रहा। इस कल्प के बड़ी संख्या में अनेक प्रकार

सिनोजोइक	तृतीय कल्प	20 लाख
मिसोजोइक	क्रिटेसियस	10 करोड़
	जुरैसिक	
	ट्राइएसिक	20 करोड़
पेलियोजोइक	परमियन	
	कार्बोनिफेरस	30 करोड़
	डिवोनियन	40 करोड़
	सिल्यूरियन	
	ऑर्डोविसियन	50 करोड़
	कैम्ब्रियन	57 करोड़

पेलियोजोइक महाकल्प को 6 कल्पों में बाँटा गया है।

कैम्ब्रियन कल्प के कोमल शरीर वाले प्राणी

11

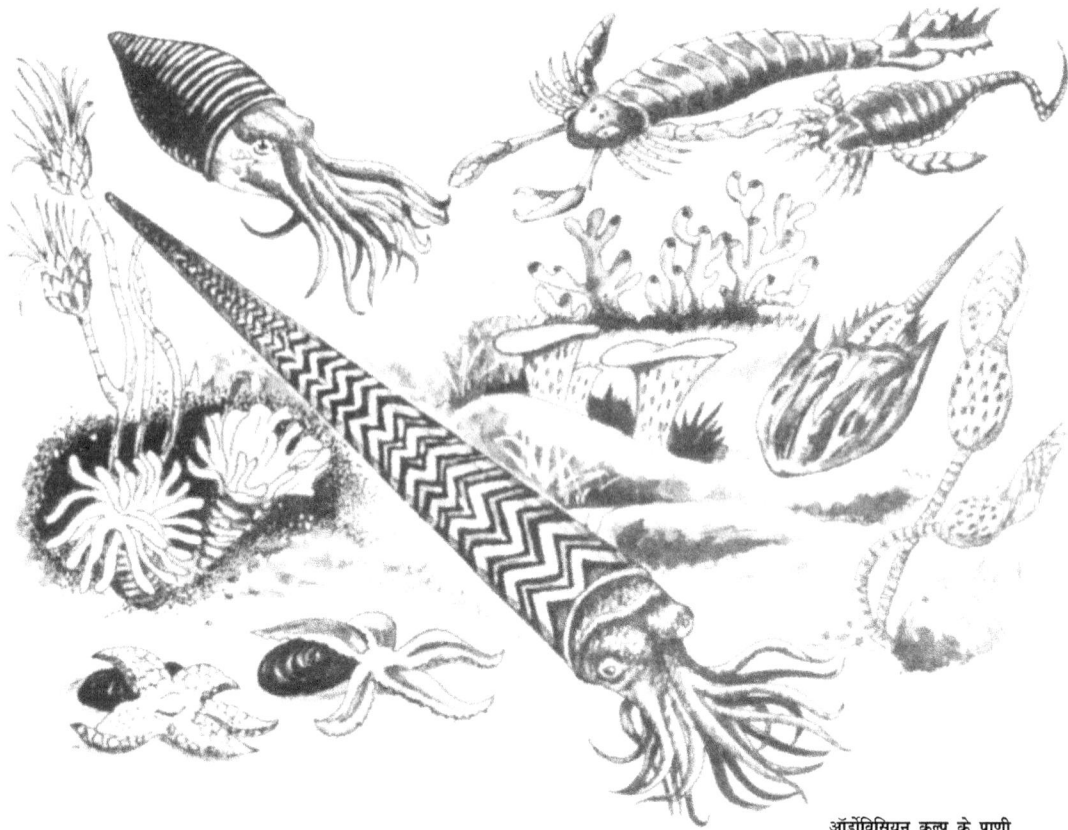

ऑर्डोविसियन कल्प के प्राणी

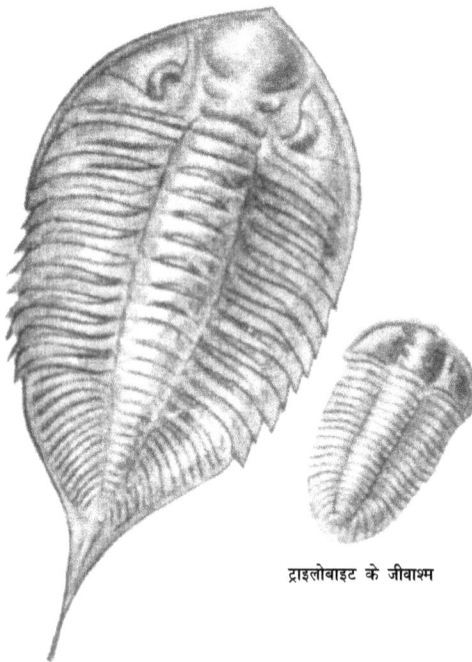

ट्राइलोबाइट के जीवाश्म

के जीवाश्म प्राप्त हुए। इनसे पता चलता है कि कोमल शरीर वाले प्राणी जैसे–जैलीफिश (Jellyfish), स्टारफिश (Starfish), स्पन्ज (Sponges) तथा अनेक प्रकार के केंचुए (Worm) उस समय समुद्र में ही रहते थे। उन्हीं के निकट-सम्बन्धी आज भी नजर आते हैं। कोमल अंगों वाले जीवों में शरीर की रक्षा के लिए खोल (Shells) बनने लगे थे। इनमें प्रथम बाकियोपोड और आर्थ्रोपोड (Arthropods), ट्राइलोबाइट (Trilobites) थे। ढाल जैसे सिर वाले इन प्राणियों की बहुत-सी टाँगें होती थीं। इस कल्प में जमीन पर कोई जीवन नहीं था। समस्त उत्तरी अमेरिका पानी में दबा था। इस कल्प में तेल, तांबा, सीसा, एस्बैस्टस, संगमरमर का भी निर्माण हुआ।

ऑर्डोविसियन कल्प (Ordovician Period)

यह कल्प 50 करोड़ से 43.5 करोड़ वर्ष पूर्व तक रहा। इस कल्प में ट्राइलोबाइट के साथ विचित्र किस्म के आर्थ्रोपोड भी बहुतायत में रहा करते थे, जिन्हें समुद्री-बिच्छू (Sea-Scorpions) कहते हैं। उनमें से कुछ दो मीटर लम्बे थे और उनके मजबूत नाखून थे,

12

जिनकी मदद से वे कठोरतम खोल वाले प्राणियों को छोड़कर अन्य सभी प्राणियों को खा सकते थे। ये सम्भवतः अपने समय के सबसे भयानक अकशेरुकी प्राणी थे। समुद्री-बिच्छू और ट्राइलोबाइट किन्हीं कारणों से समाप्त हो गये। इसके बाद केंचुए जैसे गण्डेदार शरीर वाले कृमियों का जन्म हुआ। साथ ही इकाइनोडर्मों (Echinoderms) की उत्पत्ति हुई। उनके सम्बन्धी समुद्री अर्चिन (Sea Urchins) और समुद्री लिली (Sea Lilies) आज भी नजर आते हैं। इस कल्प में महाद्वीप उथले सागरों से घिर चले थे। इसी कल्प में तेल, गैस, लोहा, सीसा, जस्ता, सोने और सिलिका का निर्माण हुआ।

सिल्यूरियन कल्प (Silurian Period)

यह कल्प लगभग 43.5 करोड़ से 34.5 करोड़ वर्ष पूर्व तक रहा। इस कल्प में मूंगे (Corals), लैम्पशैल (Lamp shells), बड़ी सीपियाँ (Clams), समुद्री घोंघे (Sea Snails) तथा प्रथम मछलियों (Early Fishes) का विकास हुआ। वनस्पति और अकशेरुकी प्राणियों का इस कल्प में काफी विकास हुआ। बहुत-सी जबड़े रहित (Jawless) मछलियों के साथ जबड़े वाली (Jawed) मछलियाँ भी पहली बार पैदा हुईं। इस कल्प में महाद्वीप समुद्रों से घिर गये और अनेक ज्वालामुखी फूट पड़े। लोहा, तेल, गैस और सिलिका का निर्माण हुआ।

डिवोनियन कल्प (Devonian Period)

यह कल्प 39.5 करोड़ से 34.5 करोड़ वर्ष पूर्व तक रहा। इस कल्प में मछलियों का भारी विकास हुआ। आम तौर पर सभी समुद्रों में अस्थिल मछलियाँ (Bony Fish) पायी जाती थीं। उनमें से कुछ फेफड़ों से हवा में साँस लेती थीं। मकड़ी (Spiders), माइट (Mites) तथा

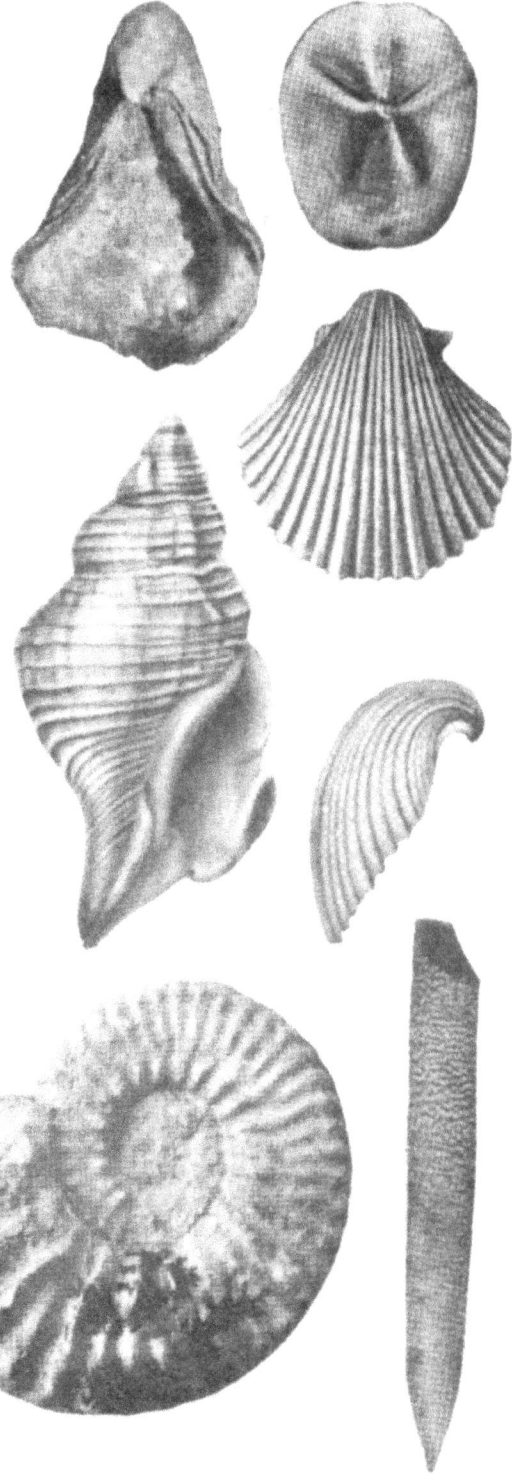

क्रिटेसियस चट्टान से प्राप्त जीवाश्य

13

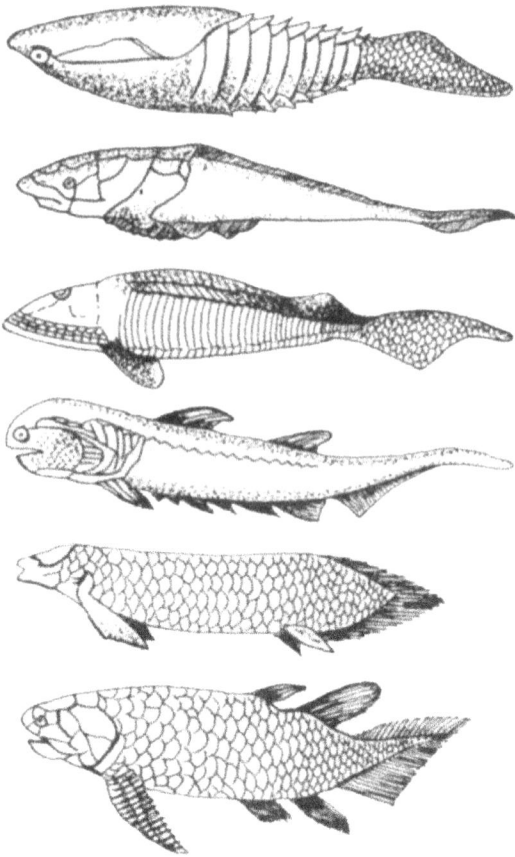

डिबोनियन कल्प की मछलियाँ

पंखरहित प्रथम कीट (Insects) भी पैदा हो चले थे। इसी कल्प के अन्त में उभयचरों (Amphibians) का भी विकास आरम्भ हुआ। जलवायु गरम और शुष्क थी। तेल, गैस, कोयला और सिलिका का निर्माण हुआ।

कार्बोनिफेरस कल्प (Carboniferous Period)

यह कल्प लगभग 34.5 करोड़ वर्ष पूर्व शुरू हुआ और लगभग 28 करोड़ वर्ष पूर्व समाप्त हो गया। इस कल्प के दौरान दलदलों में वृक्षों का विकास हुआ। इन वृक्षों के दबने से कोयले की खानें बनीं। उभयचरों (Amphibians) का निरन्तर विकास होता रहा तथा कीट (Insects) बहुत तेजी से विकसित होते गये। इस कल्प के अन्त में सरीसृप (Reptiles) दिखायी देने लगे थे। इस कल्प में कोयले का मुख्य रूप से निर्माण हुआ। इसलिए इसे कार्बोनिफेरस कल्प कहते हैं।

परमियन कल्प (Permian Period)

यह कल्प लगभग 28 करोड़ वर्ष से 22.5 करोड़ वर्ष पूर्व तक रहा। इस कल्प के दौरान समुद्र बहुत ज्यादा उथले हो गये थे। भूमि पर सरीसृप तथा कीटों की संख्या बढ़ रही थी। पहली बार शंकु वृक्ष दिखायी देने लगे थे। दक्षिणी गोलार्द्ध में बर्फ की परतें जम गयी थीं।

✿✿✿

प्रथम उभयचर

14

मिसोजोइक महाकल्प (The Mesozoic Era)

यह डायनोसौरों का युग कहलाता है, क्योंकि जल, थल में इन्हीं का शासन था। वास्तव में यह रेंगने वाले प्राणियों का युग था। वैज्ञानिक इस समय को 'मिसोजोइक महाकल्प' कहते हैं, जिसका अर्थ है 'मध्यजीवी युग'। मिसोजोइक महाकल्प 22.5 करोड़ वर्ष से 8 करोड़ वर्ष पूर्व तक रहा। भू-वैज्ञानिकों ने इसको तीन कल्पों में बाँटा है : ट्राइएसिक (Triassic) 22.5 करोड़ वर्ष पूर्व से 19.3 करोड़ वर्ष पूर्व, जुरैसिक 19.3 करोड़ से 13.5 करोड़ वर्ष पूर्व तथा क्रिटेसियस (Cretaceous) 13.5 करोड़ से 8 करोड़ वर्ष पूर्व।

ट्राइएसिक कल्प में एक ही भूखण्ड था जो धीरे-धीरे दो खण्डों में बँट गया। उत्तरी खण्ड जिसे लॉरेशिया (Laurasia) कहते हैं, उसमें उत्तरी अमेरिका, यूरोप और एशिया शामिल थे। दक्षिणी खड 'गोण डवानालैण्ड' कहलाता है, जिसमें दक्षिण अमेरिका, अफ्रीका, भारत, अण्टार्कटिका तथा आस्ट्रेलिया थे। उस कल्प में जलवायु अर्ध-उष्णकटिबन्धी थी, जिसमें सूखे और वर्षा वाले मौसम होते थे। धरती पर रेगिस्तानी भाग काफी था। फर्न, मॉस, बाँस जैसे पौधे, कोनिफर (Conifers) तथा मंकी पज़ल वृक्ष मौजूद थे। सरीसृपों का जोर था। प्रथम स्तनधारियों की शुरुआत हो चुकी थी। इसी अवधि में कोयला, जस्ता, मैंगनीज का निर्माण भी आरम्भ हो गया था।

जुरैसिक कल्प में विभिन्न वर्ग में जन्तुओं जैसे विशाल डायनोसौर, ड्रेगन, विशाल छिपकली आदि का विकास हुआ। वास्तव में डायनोसौर धरती पर राज करते थे। इनमें बहुत-से शाकाहारी थे और बहुत से माँसाहारी। जलवायु आर्द्र हो गयी थी, जिसका पेड़-पौधों पर विशेष प्रभाव पड़ा था। कोनिफर, फर्न और पाम जैसे वृक्ष विकसित हो रहे थे। कुछ क्षेत्रों में घने जंगल थे। सरीसृपों की संख्या बढ़ी हुई थी तथा थोड़े से आदि स्तनधारी (Primitive Mammals) और प्रथम पक्षी भी विकसित हो चले थे। इस युग में कोयला, तेल, एल्युमिनियम, लोहा और सोना बनने आरम्भ हो गये थे।

क्रिटेसियस कल्प में आज की तरह के महाद्वीप बन चुके थे, लेकिन पर्वत शृंखलाओं की शुरुआत नहीं हुई थी। भूमि का अधिकांश भाग समतल था। इस कल्प में पेड़-पौधों की नयी किस्में विकसित

सिनोजोइक	तृतीय कल्प	20 लाख
मिसोजोइक	क्रिटेसियस	10 करोड़
	जुरैसिक	
	ट्राइएसिक	20 करोड़
पेलियोजोइक	परमियन	
	कार्बोनिफेरस	30 करोड़
	डिवोनियन	40 करोड़
	सिल्यूरियन	
	ऑर्डोविसियन	50 करोड़
	कैम्ब्रियन	57 करोड़

मिसोजोइक महाकल्प को तीन कल्पों में बाँटा गया है

हुई थीं) उस समय ओक, मैंगनोलिया (Magnolia) विशाल रेडवुड वृक्ष, अंजीर तथा पामा आदि वृक्ष मौजूद थे। प्रथम थैलीदार या मार्सूपियल प्राणी और प्रथम अपरास्तनी (Placental Mammal) पैदा हो चुके थे। बड़े डायनोसौर इस कल्प के अन्त में विलुप्त हो चुके थे। तेल, गैस, कोयला, हीरा, सोना और दूसरे खनिजों का निर्माण हो गया था।

❀❀❀

डायनोसौर (Dinosaurs)

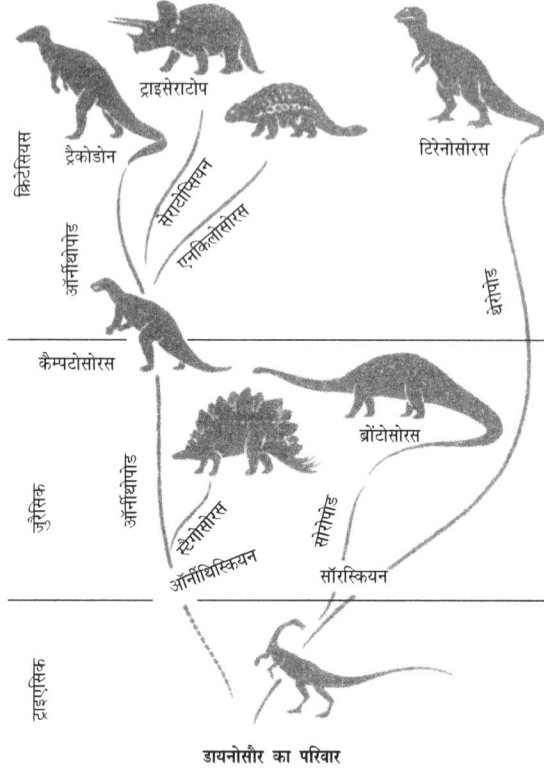

ब्रिटेशियस
ड्राइसेराटोप
ट्रैकोडोन
सराटोप्सियन
एनकिलोसोरस
ऑर्निथोपोड
कैम्पटोसोरस
टिरेनोसोरस
थेरोपोड
जुरैसिक
ऑर्निथोपोड
ब्रोंटोसोरस
स्टैगोसोरस
ऑर्नीथिस्कियन
सोरोपोड
सॉरस्कियन
ट्राइएसिक

डायनोसौर का परिवार

मिसोजोइक महाकल्प में विशालकाय डायनोसौर पैदा हुए और 15 करोड़ वर्षों तक जल और थल में उनका ही साम्राज्य रहा। इन सरीसृपों में कुछ का आकार कबूतर के बराबर था तो कुछ हाथी से भी बीस गुने बड़े थे। 'डायनोसौर' शब्द ब्रिटेन के जीव वैज्ञानिक रिचार्ड ओवन ने दिया, जिसका अर्थ है- विशालकाय छिपकली। वैज्ञानिकों ने इनको दो बड़े वर्गों में बाँटा है : सॉरस्कियन (Saurischian) तथा ऑर्नीथिस्कियन (Ornithischian)। सॉरस्कियन का पिछला हिस्सा छिपकली जैसा था तथा ऑर्नीथिस्कियन का पक्षियों जैसा। सुविधा के लिए सॉरस्कियन वर्ग को भी दो वर्गों में बाँटा गया है : थेरोपोड (Theropods) या माँसाहारी तथा सोरोपोड (Sauropods) या शाकाहारी। कुछ विषेष डायनोसौरों का विवरण नीचे दिया गया है।

अलुसोरस (Allosaurus)

अलुसोरस जुरैसिक कल्प का सबसे भयंकर माँसाहारी डायनोसौर था। यह अपनी पिछली टाँगों से चलता था। अगली टाँगें छोटी थीं। इसकी लम्बाई लगभग 12 मीटर थी और वजन 2 टन। इसके 15 सेण्टीमीटर लम्बे दाँत छुरों की तरह तेज होते थे। बड़े से बड़े डायनोसौर को यह अपने तेज नाखूनों और दाँतों से चीर-फाड़ कर खा जाता था।

टिरेनोसोरस रेक्स (Tyrannosaurus Rex)

टिरेनोसोरस रेक्स माँसाहारी हिंसक डायनोसौरों में सबसे बड़ा और शक्तिशाली था। इसका सिर और जबड़े बहुत विशाल थे। इस 15 मीटर लम्बे तथा 6 मीटर ऊँचे जन्तु का वजन लगभग 7 टन होता था। यह क्रिटेसियस कल्प के अन्त तक रहा। इसकी अगली टाँगें छोटी और पिछली बड़ी थीं। यह पिछली टाँगों से चलता था।

अलुसोरस तथा स्टैगोसोरस

यह अन्य डायनोसौरों की तुलना में अधिक बुद्धिमान था। उसके कटार जैसे 50 दाँत मोटी-से-मोटी हड्डी चबा जाते थे। यदि उसका कोई दाँत टूट जाता था, तो जल्दी ही उसकी जगह दूसरा निकल आता था। इसकी पिछली टाँगों में लम्बे और तेज नाखून थे। वह तेज दौड़ता था और छलाँगे भी लगाता था। धरती पर कोई भी जन्तु ऐसा न था, जो उसका मुकाबला कर सके। नीचे के चित्र में यह विशालकाय जन्तु दिखाया गया है।

डिपलोडोकस (Diplodocus)

जुरैसिक कल्प का सबसे विशालकाय शाकाहारी जन्तु डिपलोडोकस था। इसका शरीर 28 मीटर लम्बा था, लेकिन शरीर के अनुपात से गर्दन और पूँछ बहुत लम्बी थी। इसका वजन लगभग 10 टन था। इसका अधिकांश समय पानी में गुजरता था। यह अपना मुँह पानी से बाहर निकाले रहता था, ताकि साँस ले सके। यह शक्तिशाली जन्तु अपनी चारों टाँगों से चलता था और किसी को नुकसान नहीं

टिरेनोसोरस

मंगोलिया में क्रिटेसियस सैंडस्टोन से प्राप्त डायनोसौर के अण्डे

पहुँचाता था। डिपलोडोकस का शरीर बहुत बड़ा था और मुँह बहुत छोटा, इसलिए जीवित रहने के लिए हर समय उसे वनस्पति खाने की जरूरत पड़ती थी। यह पूरी तरह शाकाहारी था।

स्टैगोसोरस (Stegosaurus)

इस डायनोसौर के शरीर पर किनारे से दूसरे किनारे तक ढालों की तरह हड्डियों की दुहरी प्लेटें होती थीं। इसकी पूँछ पर नुकीले सींगों

ब्रोण्टोसोरस

क्रिटेसियस कल्प के अन्त का मंगोलिया में खोजा गया बिना सींग वाला सेराटोप्सियन डायनोसौर का जीवाश्म

की तरह चार बड़े-बड़े काँटे होते थे। यह सीधा-साधा शाकाहारी जन्तु था, लेकिन इसके शरीर की बनावट इसको माँसाहारी जन्तुओं से बचाती थी। स्टैगोसोरस 9 मीटर लम्बा होता था। उसकी हड्डियों की प्लेटों की ऊँचाई लगभग एक मीटर होती थी। उसका मस्तिष्क उसके शरीर के मुकाबले में बहुत छोटा था, एक अखरोट के बराबर। इसलिए दूसरे शाकाहारी डायनोसौरों की तरह वह भी अल्पबुद्धि रहा होगा।

स्टैगोसोरस की जाति का एक और डायनोसौर था एनकिलोसोरस। वह इतना बड़ा तो नहीं था, लेकिन उसके कठोर कवच सिर से पूँछ तक भालों की तरह हड्डियाँ निकली हुई थीं। हड्डियों के नुकीले कवचों के कारण माँसाहारी डायनोसौर उसको नुकसान नहीं पहुँचा पाते थे।

प्लेसियोसौर (Plesiosaurs)

जुरैसिक कल्प में मुख्यतः तीन वर्ग के सरीसृप समुद्रों में पाये जाते थे : इकथियोसौर (Ichthyosaurs), प्लेसियोसौर (Plesiosaurs) तथा प्लीयोसौर (Pliosaurs)। इनमें प्लेसियोसौर प्रमुख था। उसका शरीर कछुए की तरह था और गर्दन साँप जैसी लम्बी। उसके जबड़े में तेज दाँत थे। वह अपने डैनों जैसे पैरों से पानी में तैरा करता था। उसकी लम्बाई 12 मीटर तक पायी गयी है। प्लेसियोसौर और इकथियोसौर के ढाँचे सबसे पहले एक 12 वर्ष की लड़की एन्निग ने इंग्लैण्ड में खोजे थे।

इनके अतिरिक्त और भी अनेक प्रकार के डायनोसौर थे।

✦✦✦

स्टैगोसोरस जाति का स्कोलासोरस

प्लेसियोसौर

19

उड़ने वाले सरीसृप (Flying Reptiles)

डायनोसौर युग में विशाल भद्दे जीव आकाश में पक्षियों की भाँति उड़ा करते थे, लेकिन वे पक्षियों की जाति के नहीं थे।

24 करोड़ वर्ष पूर्व परमियन कल्प के दौरान छिपकलियों के निकट सम्बन्धियों ने ग्लाइड करना सीख लिया था। इन पक्षियों जैसे प्राणियों के अगले पंजों से पिछले पैरों तक एक झिल्ली जुड़ी होती थी। इनकी लम्बी चोंच में पैने दाँत होते थे। इनकी पूँछ लम्बी होती थी। उड़ते समय ये झिल्ली को फैलाकर पैराशूट की तरह तान लेते थे।

इनकी एक विकसित जाति थी- टेरोसौर (Pterosaurs), जिन्हें वास्तव में उड़ने वाले कशेरुकी कहा जा सकता है। आकाश में उड़ने वाले ये प्राणी देखने में चमगादड़ जैसे थे। टेरोसौर की हड्डियाँ खोखली और हल्की थीं, लेकिन अगली टाँगों की एक उँगली बहुत लम्बी होती थी। इनकी अगली टाँगों से पिछली टाँगों तक पतली झिल्ली फैली रहती थी। टाँगें फैलाने पर यह झिल्ली फैलकर पंखों का रूप धारण कर लेती थी। मार्च, 1975 में मिले टेरोसौर के अवशेषों से ज्ञात हुआ है कि ये प्राणी आकार में बहुत अधिक बड़े नहीं थे। वैज्ञानिकों के अनुसार इनका वजन लगभग 86 कि.ग्रा. रहा होगा, लेकिन इनके पंखों का फैलाव 10 मीटर से भी ज्यादा होता था। उड़ते समय अवश्य ही ये किसी भयानक दैत्य की तरह लगते थे। ये उड़ने वाले सरीसृपों के वर्ग में आते थे।

❂❂❂

उड़ने वाला कशेरुकी टेरोसौर जिसके पंखों का फैलाव लगभग 10 मीटर था

सबसे पहला पक्षी आर्कियोप्टेरिक्स (Archaeopteryx)

'आर्कियोप्टेरिक्स' शब्द का अर्थ है- 'पंखों वाला पुरातन पक्षी'।

जुरैसिक कल्प के अन्त में 14 करोड़ वर्ष पूर्व इन पक्षियों का जन्म हुआ। सन् 1861 में इनके जीवाश्म जर्मनी में पाये गये। कौवे के आकार (लगभग 20 इंच) के इन पक्षियों के परों वाले पंख थे। इनकी पिछली टाँगें लम्बी और पंजों वाली थीं। पंखों में अगले पंजे जुड़े हुए थे। पूँछ खजूर के पत्ते जैसी थी और उसमें हड्डियों का ढाँचा था। इनकी लम्बी चोंच में टेरोसौर की तरह दाँत होते थे।

आर्कियोप्टेरिक्स का विकास सरीसृपों से हुआ। इनका अस्तित्व डायनोसौर के समय में ही था। इनको सरीसृप और पक्षी के बीच की कड़ी कहा जाता है।

सम्भवतः ये पक्षी तेज उड़ाकू नहीं थे। अपने अगले पंजों द्वारा ये पेड़ पर चढ़कर उड़ान भरते थे। लेकिन एक बात निश्चित है कि आर्कियोप्टेरिक्स ही वे प्रथम पक्षी थे, जिन्हें आज के पक्षियों का पूर्वज कहा जा सकता है। ये लम्बी उड़ान नहीं भर पाते थे।

❀❀❀

सबसे पहला पक्षी आर्कियोप्टेरिक्स

आर्कियोप्टेरिक्स का जीवाश्म

सिनोजोइक महाकल्प या नूतनजीव महाकल्प (Cenozoic Era)

आधुनिक जीवों के युग को 'सिनोजोइक महाकल्प' कहते हैं। डायनोसौरों के विलुप्त होने के बाद, आज से लगभग 8 करोड़ वर्ष पूर्व यह महाकल्प आरम्भ हुआ। यह स्तनधारियों और पक्षियों का युग माना जाता है।

सिनोजोइक महाकल्प को दो कल्पों में बाँटा गया है: तृतीय कल्प (Tertiary period) तथा चतुर्थ कल्प (Quaternary Period)।

तृतीय कल्प को पाँच युगों में बाँटा गया है : पुरा नूतन (Palaecocene), 6 करोड़ 40 लाख से 5 करोड़ 20 लाख वर्ष पूर्व तक। आदि नूतन (Eocene), 5 करोड़ 40 लाख से 3 करोड़ 80 लाख वर्ष पूर्व तक। अल्प नूतन (Oligocene) 3 करोड़ 80 लाख से 2 करोड़ 60 लाख वर्ष पूर्व तक, मध्य नूतन (Miocene) 2 करोड़ 60 लाख से 70 लाख वर्ष पूर्व तक तथा अति नूतन (Pliocene) 70 लाख से 20 लाख वर्ष पूर्व तक। तृतीय कल्प में आधुनिक स्तनधारियों, मानव के पूर्वजों और विशाल पक्षियों का विकास हुआ। सागर कुछ सीमा तक धरती की सतह पर फैल गये। इसी युग में तेल, कोयला और एल्युमिनियम जैसे खनिजों का निर्माण हुआ। इस कल्प में बहुत पहले डायनोसौर विलुप्त हो गये थे। फूल वाले पौधों का विकास भी इसी कल्प में हुआ।

सिनोजोइक	तृतीय कल्प	20 लाख
मिसोजोइक	क्रिटेसियस	10 करोड़
	जुरैसिक	
	ट्राइएसिक	20 करोड़
	परमियन	
	कार्बोनिफेरस	30 करोड़
पेलियोजोइक	डिवोनियन	40 करोड़
	सिल्यूरियन	
	ऑर्डोविसियन	50 करोड़
	कैम्ब्रियन	57 करोड़

पक्षियों और स्तनधारियों का युग : सिनोजोइक महाकल्प

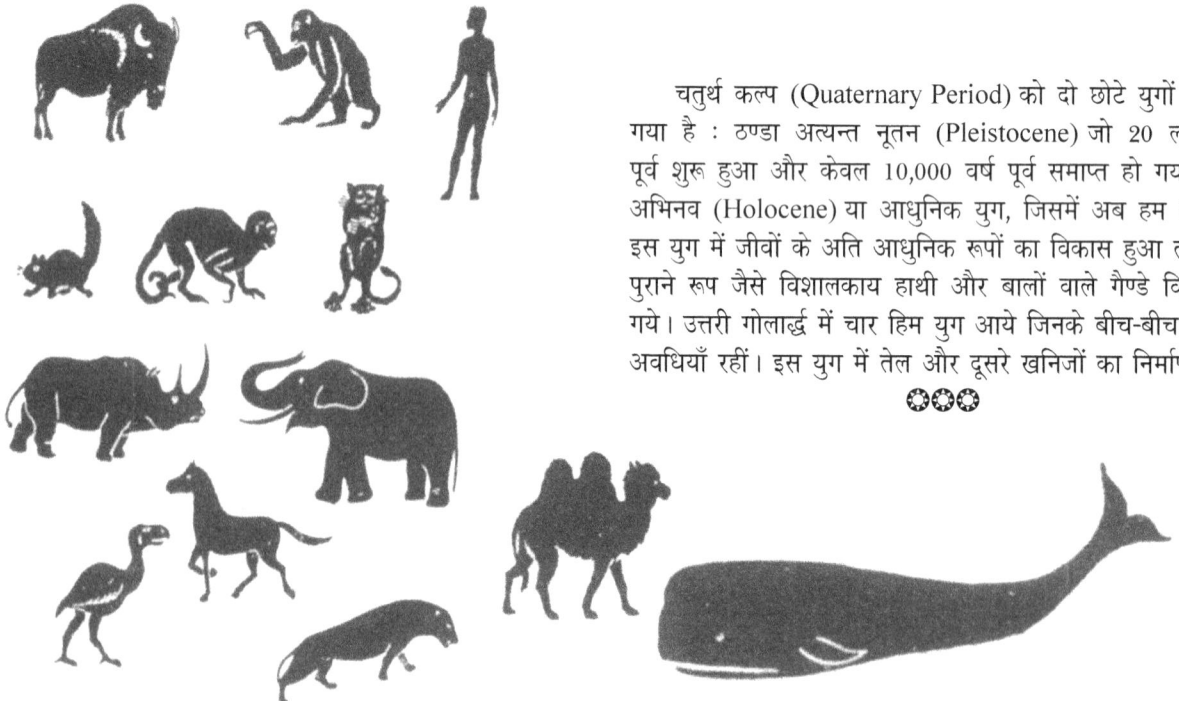

चतुर्थ कल्प (Quaternary Period) को दो छोटे युगों में बाँटा गया है : ठण्डा अत्यन्त नूतन (Pleistocene) जो 20 लाख वर्ष पूर्व शुरू हुआ और केवल 10,000 वर्ष पूर्व समाप्त हो गया। उष्ण अभिनव (Holocene) या आधुनिक युग, जिसमें अब हम रहते हैं। इस युग में जीवों के अति आधुनिक रूपों का विकास हुआ तथा कुछ पुराने रूप जैसे विशालकाय हाथी और बालों वाले गैण्डे विलुप्त हो गये। उत्तरी गोलार्द्ध में चार हिम युग आये जिनके बीच-बीच में गरम अवधियाँ रहीं। इस युग में तेल और दूसरे खनिजों का निर्माण हुआ।

❋❋❋

22

पेड़-पौधों का विकास(Plant Evolution)

पेलियोजोइक महाकल्प के प्रारम्भिक काल में सरल नीले-हरे शैवालों से लेकर आजकल पाये जाने वाले जटिल संरचना के भूरे शैवाल भी मौजूद थे। इस कल्प के मध्य में प्रथम स्थलीय वनस्पतियों का विकास हुआ। इस महाकल्प में ऐसे पौधे भी पैदा हुए, जो आज पाये जाने वाले मॉसों, फर्नों तथा हार्सटेल आदि से काफी मिलते थे। अन्तिम काल में ये वृक्ष वनस्पति का प्रभावी अंग थे। इनमें क्लब मॉस जैसे वृक्ष थे, जो 50 मीटर ऊँचे थे। इस कल्प के मध्य तथा अन्त में केलेमाइटीज तथा हार्सटेल जैसे वृक्ष भी थे, जो 35 मीटर तक ऊँचे होते थे तथा इनके तनों का व्यास 90 सेण्टीमीटर तक होता था। इस महाकल्प के कार्बनीयुग में वनस्पति अधिकतर क्लब मॉसों, केलेमाइटीज, फर्न तथा बीजी फर्नों के रूप में पायी जाती थी। ये ही वृक्ष दबकर धरती की गरमी और दाब से कोयले में बदल गये।

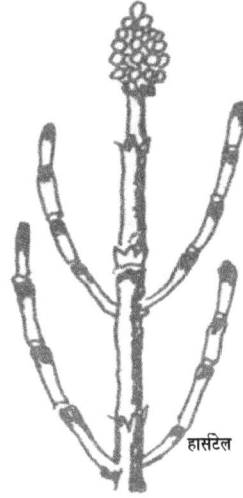

हार्सटेल

कार्बनीयुग में वनस्पति अधिकतर क्लब मॉसों, केलेमाइटीज, फर्न तथा बीजी फर्नों के रूप में पायी जाती थीं।

इस महाकल्प के अन्त में ये वृक्ष विलुप्त हो गये और जिम्नोस्पर्मों के अनेक वन उत्पन्न हुए। ये आधुनिक जिम्नोस्पर्मों के पूर्वज थे। प्रारम्भिक मिसोजोइक महाकल्प में विविध प्रकार के जिम्नोस्पर्मों का विकास तेजी से हुआ। साइकेडों, मेडनहेयर वृक्षों तथा कोनिफरों के अनेक वन पैदा हुए। धीरे-धीरे अन्य प्रकार के कोनिफर—जैसे चीड़, यू (Yew), रेडवुड (Redwood) और सिप्रेसेस (Cypresses) विकसित हुए। इसके बाद ये विलुप्त होने लगे और आज इनकी केवल 640 जीवित जातियाँ रह गयी हैं। इस महाकल्प के अन्तिम वर्षों में पुष्पी पौधों की भी उत्पत्ति हुई। जीवाश्मों से पता चलता है कि उस समय मेग्नोलिया, विलोक्षों (Wiloss), ओक (Oak), ताड़ (Palm) आदि आधुनिक वृक्षों के अनेक जंगल थे।

कार्बनीयुग का ट्री-फर्न, जिसकी ऊँचाई 25 फुट होती थी

कार्बनीयुग का सीड-फर्न

सिनोजोइक महाकल्प 'फूल वाले पौधों' का युग था। इस महाकल्प में आवृतबीजियों (Angiosperm) यानी पुष्पी पादपों का विकास बड़े पैमाने पर हुआ तथा इनकी अनेक जातियाँ बनीं। पृथ्वी का क्षेत्र आर्कटिक से लेकर अण्टार्कटिक तक का क्षेत्र रंग-बिरंगे फूलों वाले पौधों से घिर गया।

जैसे-जैसे सिनोजोइक महाकल्प बीतता गया, पृथ्वी ठण्डी एवं शुष्क होती गयी। 10 या 15 लाख वर्ष पूर्व 'महा हिमयुग' आया, जिसमें ध्रुवों के पास वाले गरम जलवायु के पौधे विलुप्त हो गये। क्योंकि ये क्षेत्र बर्फ से ढक गये तथा बचे हुए पौधे केवल भूमध्यरेखा के आस-पास के क्षेत्रों तक सीमित रह गये। शीतन और शुष्कन की इस प्रक्रिया के साथ ही शाकीय पौधों का विकास हुआ।

❂❂❂

रेडवुड की पत्तियों के जीवाश्म

कैलिफोर्निया के प्रस्तरित जंगल में एक प्रस्तरित रेडवुड वृक्ष का तना, जिसकी लम्बाई 80 फुट है।

25

प्रारम्भिक स्तनधारी (Early Mammals)

जीवाश्मों से ज्ञात हुआ है कि सरीसृपों से स्तनधारियों का विकास हुआ। लगभग 25 करोड़ वर्ष पूर्व डाइमेट्रोडॉन (Dimetrodon) पहला प्राणी था, जिसमें स्तनधारियों के कुछ लक्षण मौजूद थे। इस प्राणी की लम्बाई लगभग 3 मीटर थी। इसके दाँत स्तनधारियों जैसे थे। स्तनधारिता की ओर अगला कदम 2 मीटर लम्बे साइनोग्नैथस (Cynognathus) का था। 22 करोड़ वर्ष पूर्व पाये जाने वाले इस प्राणी की त्वचा पर स्तनधारियों जैसे बाल थे। ऐसा अनुमान है कि यह समतापी या गरम रक्तवाला (Warm Blooded) था। यह अण्डे देता था या बच्चे, इसके विषय में कोई प्रमाण नहीं मिल सका। 19 करोड़ वर्ष पूर्व पाये जाने वाले ट्राइकोनोडॉन (Triconodon) को पहला स्तनधारी समझा जाता है। बिल्ली जैसे इस प्राणी के शरीर पर बाल थे और यह समतापी भी था। यह ज्ञान नहीं हो सका कि यह अण्डे देता था या बच्चे, लेकिन यह निश्चित है कि इसके बच्चे दूध पीते थे।

स्तनधारी-सदृश सरीसृपों से स्तनधारियों का विकास हुआ, वे छोटे चूहे जैसे प्राणी थे। ये प्राणी आगे चलकर विकास के मार्ग पर सबसे आगे बढ़े।

सिनोजोइक महाकल्प (लगभग 6 करोड़ वर्ष पूर्व) के शुरू में तीन किस्म के स्तनधारी थे–एकछिद्री (Monotremes), मारसूपियल (Marsupials) तथा प्लेसैण्टल (Placentals)।

एकछिद्री जीव अण्डे देते थे और ये असमतापी या ठण्डे रक्त वाले (Cold-blooded) थे। प्रारम्भिक स्तनधारियों के इस वर्ग में

19 करोड़ वर्ष पूर्व पाये जाने वाले, बिल्ली के आकार को ट्राइकोनोडॉन (Triconodon) में स्तनधारियों के लक्षण पैदा हो गये थे।

प्रारम्भिक स्तनधारी डायनोसौरों से अपनी रक्षा करना जानते थे।

अब आस्ट्रेलिया के डकबिल-प्लेटिपस (Duck-billed platypus) तथा ऐकिड्ना (Echidna) ही बाकी बचे हैं।

मारसूपियल अपरिपक्व बच्चों को पैदा करते हैं। ये बच्चे मादा के उदर भाग में स्थित एक मारसूपियम (Marsupium) या शिशुधानी नामक थैली में पलते हैं। थैली के अन्दर स्तन ग्रन्थियाँ होती हैं, बच्चे इनसे दूध पीते हैं। ये समतापी (Warm blooded) होते हैं। अधिकांश मारसूपियल आस्ट्रेलिया या उसके आसपास के द्वीपों में पाये जाते हैं। कंगारू, कोआला, बोम्बैट तथा मारसूपियल चूहे इसके चार उदाहरण हैं। ओपोसम तथा ओपोसम चूहे आज भी अमेरिका में पाये जाते हैं।

प्रागैतिहासिक आस्ट्रेलिया, उत्तरी और दक्षिणी अमेरिका तथा यूरोप में अनेक मारसूपियल पाये जाते थे। अत्यन्त नूतन (Pleistocene) आस्ट्रेलिया में प्रोकोप्टोडॉन (Procoptodon) नामक दैत्य कंगारू रहते थे। उसी समय भेड़िये के बराबर मारसूपियल शेर थिलाकोलियो (Thylacoleo) तथा हिप्पोपोटैमस आकार के डाइप्रोटोडॉन (Dipro-todon) भी मौजूद थे। दक्षिण अमेरिका के सभी प्रारम्भिक स्तनधारी मारसूपियल थे।

प्लेसैण्टल स्तनधारियों में भ्रूण तथा शिशु का पोषण मादा के गर्भाशय में एक नली द्वारा होता है, जिसे प्लेसैण्टा कहते हैं। पूर्ण विकास होने पर ही बच्चों का जन्म होता है। ये स्तनधारी पूर्ण विकसित तथा बुद्धिमान होते हैं। स्तनधारियों के ये तीनों वर्ग जब एक साथ रहा करते थे, उस समय प्लेसैण्टल वर्ग ही विकास के मार्ग पर सबसे आगे था।

प्रारम्भिक स्तनधारी कीट और केंचुए खाते थे। जैसे-जैसे इनका विकास हुआ, कुछ जन्तु माँसाहारी बन गये। सबसे पहला माँसाहारी स्तनधारी ऑक्सीऐना (Oxyaena) 5 करोड़ वर्ष पूर्व पाया जाता था। इसकी लम्बाई एक मीटर होती थी।

3 करोड़ वर्ष पूर्व साइनोडिकटिस (Cynodictis) नामक प्रागैतिहासिक कुत्ते हुआ करते थे। उनकी लम्बाई लगभग 30 सेण्टीमीटर थी। ये समूहों में रहते थे और मिलकर शिकार करते थे।

मारसूपियल स्तनधारी कोआला

प्रारम्भिक माँसाहारी स्तनधारी ऑक्सीऐना

प्रारम्भिक शाकाहारी स्तनधारी बैराइलैम्बडा (Barylambda)

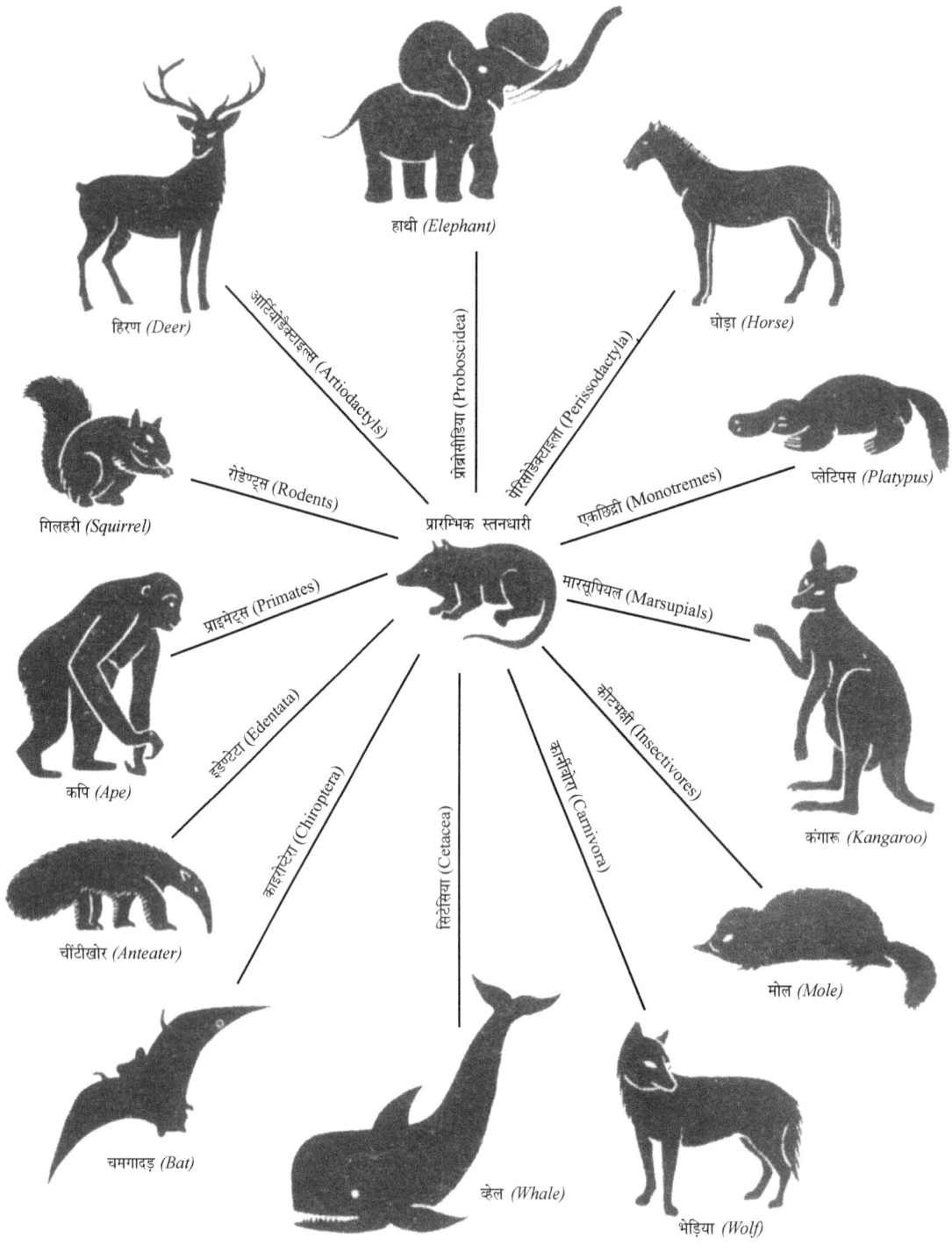

हिरण (Deer)
आर्टियोडैक्टाइला (Artiodactyls)
हाथी (Elephant)
प्रोब्रोसीडिया (Proboscidea)
घोड़ा (Horse)
पेरिसोडैक्टाइला (Perissodactyla)
गिलहरी (Squirrel)
रोडेण्ट्स (Rodents)
प्रारम्भिक स्तनधारी
एकाछिद्री (Monotremes)
प्लेटिपस (Platypus)
कपि (Ape)
प्राइमेट्स (Primates)
मारसूपियल (Marsupials)
इडेण्टेटा (Edentata)
चींटीखोर (Anteater)
काइरोप्टेरा (Chiroptera)
कीटभक्षी (Insectivores)
कंगारू (Kangaroo)
सिटेसिया (Cetacea)
कार्नीवोरा (Carnivora)
मोल (Mole)
चमगादड़ (Bat)
व्हेल (Whale)
भेड़िया (Wolf)

स्तनधारी या मैमेलिया जन्तुओं का सबसे अधिक और विकसित वर्ग है।

2 करोड़ 60 लाख वर्ष पूर्व असिदन्त बिल्लियाँ (Sabretoothed Cats) पायी जाती थीं। इनके दाँत कटार जैसे लम्बे और पैने थे, जिनसे ये हाथियों की मोटी त्वचा फाड़ देती थीं। ढाई मीटर लम्बी इन बिल्लियों की कई जातियाँ थीं।

दो करोड़ वर्ष पूर्व मुर्दाखोर लकड़बग्घा भी पाया जाता था। उसकी लम्बाई डेढ़ मीटर तक होती थी। उसका जबड़ा और दाँत बहुत मजबूत थे। वह मोटी हड्डियाँ भी चबा सकता था।

बैराइलैम्बडा (Barylambda) पहले शाकाहारी स्तनधारी थे, जो साढ़े पाँच करोड़ वर्ष पूर्व पाये जाते थे। इनकी लम्बाई तीन मीटर होती थी। ये जल्दी ही विलुप्त हो गये।

2 करोड़ 80 लाख वर्ष पूर्व खूँखार ब्रोण्टोथीरियम (Bronto-therium) रहा करते थे। इनकी नाक पर काँटे जैसा सींग होता था। इनकी लम्बाई 4 मीटर होती थी। इनका आहार हरी पत्तियाँ और रसीले फल थे।

प्रागैतिहासिक राइनॉसेरस जो बलूचीथीरियम (Baluchi-therium) कहलाते हैं, सबसे बड़े शाकाहारी स्तनधारी थे। ये 11 मीटर लम्बे और 8 मीटर ऊँचे हुआ करते थे।

साढ़े तीन करोड़ वर्ष पूर्व अर्सीनोइथीरियम (Arsinoi-therium) शाकाहारी जन्तु पाया जाता था, जिसकी नाक पर दो हड्डियों के खालयुक्त सींग होते थे। इस भारी जन्तु की लम्बाई 3 मीटर होती थी।

4 करोड़ वर्ष पूर्व प्रारम्भिक हाथी मोएरिथीरियम (Moeri-therium) रहा करते थे। इनका आकार लगभग बड़े सूअर के बराबर था। खतरा देखते ही ये पानी में घुस जाते थे। इनका मुख्य आहार कोमल और रसीली पत्तियाँ थीं।

प्रारम्भिक घोड़े हाइराकोथीरियम (Hyracotherium) पाँच करोड़ वर्ष पूर्व पाये जाते थे। इनका आकार लोमड़ी के बराबर था तथा खुरों (Hoofs) की जगह इनके लम्बे नाखून थे। इनके अगले पैरों में चार तथा पिछले पैरों में तीन उँगलियाँ होती थीं। ये जंगलों में रहते थे।

लगभग दस और बीस लाख वर्ष पूर्व हिम युग (Ice Age) में ऊनी मैमथ (Wolly mammoths) पाये जाते थे। हाथी जैसे इन जन्तुओं की ऊँचाई 4.5 मीटर थी। इनके उद्दन्त (Tusks) 3.5 मीटर लम्बे और मुड़े हुए होते थे। समय बीतता गया और सत्ताधारी जन्तुओं का विकास होता गया और आज के रूप में आ गया।

✸✸✸

प्रारम्भिक हाथी मोएरिथीरियम (Moerith-
erium)

29

मानव के पूर्वज : बन्दर और कपि हमारे निकटवर्ती जीवित सम्बन्धी हैं।

लम्बाई 40 से.मी.

वृक्ष-वासी छछून्दर प्रागैतिहासिक प्राइमेट्स जैसी होती है।

एशिया का बन्दर

लम्बाई 120 से.मी.

मैडागास्कर में पाया जाने वाला लीमर

छोटे आकार के कपि दो करोड़ वर्ष
पूर्व दो वर्गों में बँट गये, एक वर्ग
जिसने जमीन पर रहना पसन्द किया था
विकसित होकर मानव बना।

30

प्रारम्भिक मानव (Early Man)

आस्ट्रेलोपिथेकस (Australopithecus)

बन्दर और कपि (Apes) मानव के निकट सम्बन्धी माने जाते हैं। बन्दरों में पुँछ होती है, परन्तु कपियों में इसका अभाव होता है। गोरिल्ला, चिम्पैंजी, गिब्बन तथा औरंग-उटान कपि परिवार के सदस्य हैं। जन्तुओं के इस समूह को 'प्राइमेट्स' (Primates) कहते हैं।

लगभग 6 करोड़ 50 लाख वर्ष पूर्व कपियों के अधिकांश वंशज वृक्षों पर रहते थे, लेकिन इनमें एक वर्ग ऐसा भी था, जिसने जमीन पर रहना पसन्द किया। यह वर्ग रैमापिथेकस (Ramapithecus) कहलाता था, जो 60 लाख से एक करोड़ 40 लाख वर्ष पूर्व रहा करता था। इनके जीवाश्म भारत के शिवालिक पहाड़ियों में मिले। अत्यन्त नूतन (Pleistocene) समय में लगभग 30 लाख वर्ष पूर्व इसी वर्ग के प्राणी होमिनिड्स (Hominids) कहलाये। होमिनिड का अर्थ है- 'मानव'। उस समय दो किस्म के होमिनिड रहा करते थे। उनमें से कुछ जो सीधे ही मानव के पूर्वज बने, 'होमो' (Homo) कहलाते हैं। दूसरी किस्म आस्ट्रेलोपिथेकस थी। इनके दाँत और जबड़े मनुष्य जैसे थे।

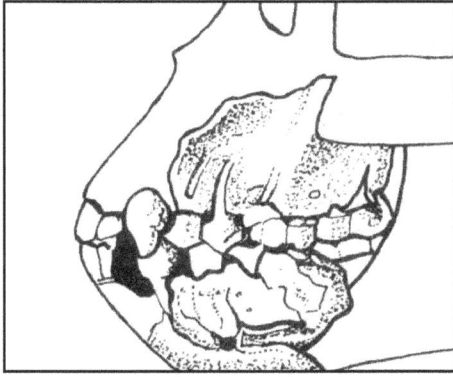

रैमापिथेकस के जबड़े का जीवाश्मः जबड़ा और दाँत कपि की अपेक्षा मानव से अधिक मिलते-जुलते हैं।

मानव का निकट सम्बन्धी गोरिल्ला

दक्षिणी अफ्रीका की नदियों की घाटियों एवं गुफाओं में इनकी जातियों के अनेक जीवाश्म प्राप्त हुए हैं। जीवाश्मों से ज्ञात हुआ कि आस्ट्रेलोपिथेकस अपने हाथों से चीजों को अच्छी तरह पकड़ना जानते थे। अपने शिकार को माारने के लिए वे वृक्ष की मोटी टहनी और पत्थरों का इस्तेमाल करते थे। उनका मस्तिष्क वर्तमान मानव के मस्तिष्क से लगभग आधा था। आस्ट्रेलोपिथेकस अभी मानव नहीं बन पाया था, लेकिन उसे एक बुद्धिमान कपि अवश्य कहा जा सकता है। इन्हें कोई औजार बनाना नहीं आता था।

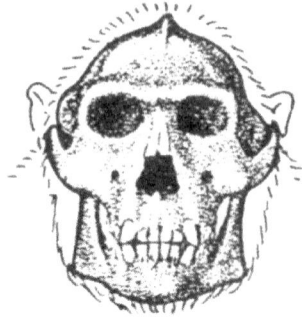

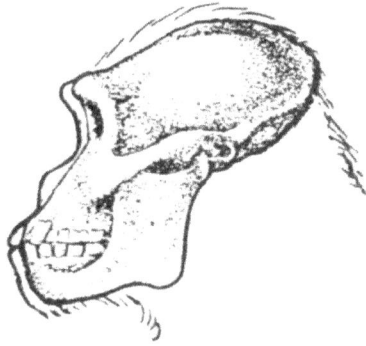

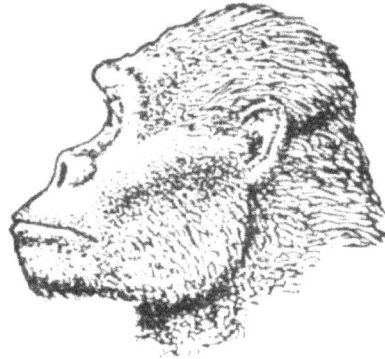

आस्ट्रेलोपिथेकस

आस्ट्रेलोपिथेकस अपने हाथों से वस्तुओं को अच्छी तरह पकड़ना जानते थे।

होमो हैबीलिस (Homo habilis)

लगभग 20 लाख वर्ष पूर्व पूर्वी अफ्रीका की एक झील के किनारे मानव का एक छोटा-सा समूह रहता था। उनको होमो हैबीलिस कहते हैं। ये अधिक बुद्धिमान और सभ्य थे। इनका मस्तिष्क आस्ट्रेलोपिथेकस से अधिक विकसित था। ये अपने समूह के खाने के लिए मिलकर शिकार करते थे। इन्होंने पत्थर के भद्दे औजार भी बनाना सीख लिया था। इनको आग का इस्तेमाल नहीं आता था, इसलिए ये कच्चा मांस खाते थे।

होमो इरेक्टस (Homo erectus)

हजारों वर्ष गुजरने पर बहुत धीरे-धीरे 'प्रथम मानव' का विकास हुआ। 15 लाख वर्ष पूर्व मानव बिना रुके सीधा चलता था। उसे हम 'होमो इरेक्टस' कहते हैं। 300,000 वर्ष पूर्व उसने आग जलाना और उसका प्रयोग सीख लिया था। शुरू में होमो इरेक्टस अफ्रीका में रहते थे, लेकिन धीरे-धीरे वे दुनिया के दूसरे भागों में भी फैल गये। वे पेड़ की शाखाओं से झोंपड़ी भी बनाया करते थे। इनके जीवाश्म जावा में मिले हैं। इनकी लम्बाई 170 सें.मी. और वजन 70 कि.ग्रा. होता था।

नीऐण्डरथल मानव (Neanderthal man)

250,000 वर्ष पूर्व होमो इरेक्टस आधुनिक मनुष्य के रूप में विकसित हो गया और होमो सैपिएंस (Homo sapiens) कहलाया।

उस समय होमो सैपिएंस की अनेक जातियाँ थीं, लेकिन अब एक ही बची है, जिसे 'नीऐण्डरथल मानव' कहते हैं। नीऐण्डरथल लोग लगभग 50,000 वर्ष पूर्व हिम युग के दौरान यूरोप की गुफाओं के मुहानों या चट्टानों के नीचे रहा करते थे। ये आग जलाना जानते

होमो हैबीलिस पत्थर के औजारों से माँस काटते थे।

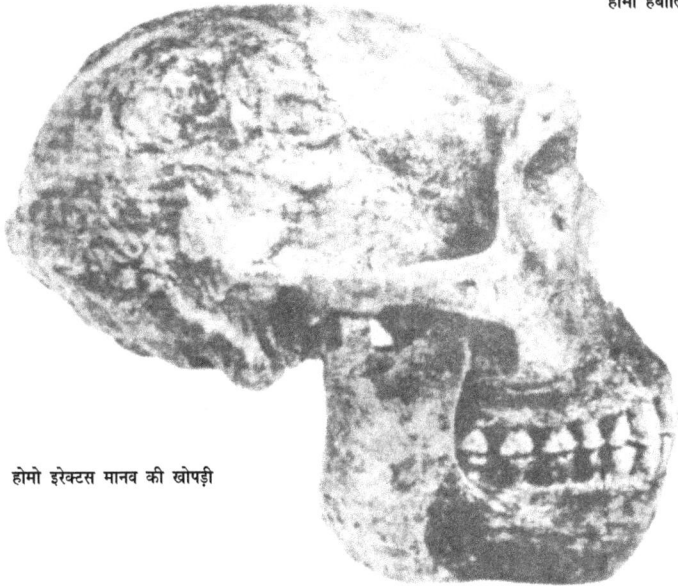

होमो इरेक्टस मानव की खोपड़ी

थे और चकमक पत्थर को काट-छाँटकर अपने काम के योग्य औजार भी बना लेते थे। यह उपजाति सारे यूरोप तथा पश्चिमी एशिया में फैली हुई थी। इन लोगें के बहुत-से अस्थि-पंजर प्राप्त हुए हैं, जिनसे ज्ञात हुआ है कि ये लोग अपने मुर्दो को दफन करते थे और उनके साथ उनकी कोई प्रिय वस्तु भी रख दिया करते थे। ये लोग यूरोप और अफ्रीका में मिलते थे।

क्रो-मैग्नॉन लोग (Cro-Magnon people)

नीऐण्डरथल लोग लगभग 40,000 वर्ष पूर्व समाप्त हो गये और नये किस्म के होमो सैपिएंस विकसित हुए। ये नये लोग आधुनिक मानव जैसे थे। इनको 'क्रो-मैग्नॉन मानव' कहते हैं। ये सीधे हमारे पूर्वज थे। इनकी बहुत-सी पूर्ण हड्डियाँ यूरोप के कई देशों में मिली हैं, जिनमें इनके रहन-सहन का पूरा पता चलता है।

ये पत्थर की नोक वाले भालों से जानवरों का शिकार करते थे और भोजन पकाना भी इन्हें आता था। जानवरों की खाल का इस्तेमाल भी ये करने लगे थे। क्रो-मैग्नॉन मानव हड्डी के टुकड़ों को घिसकर सुइयाँ की बनाते थे, जिनसे वे पशुओं की खालों को सीकर सर्दी से

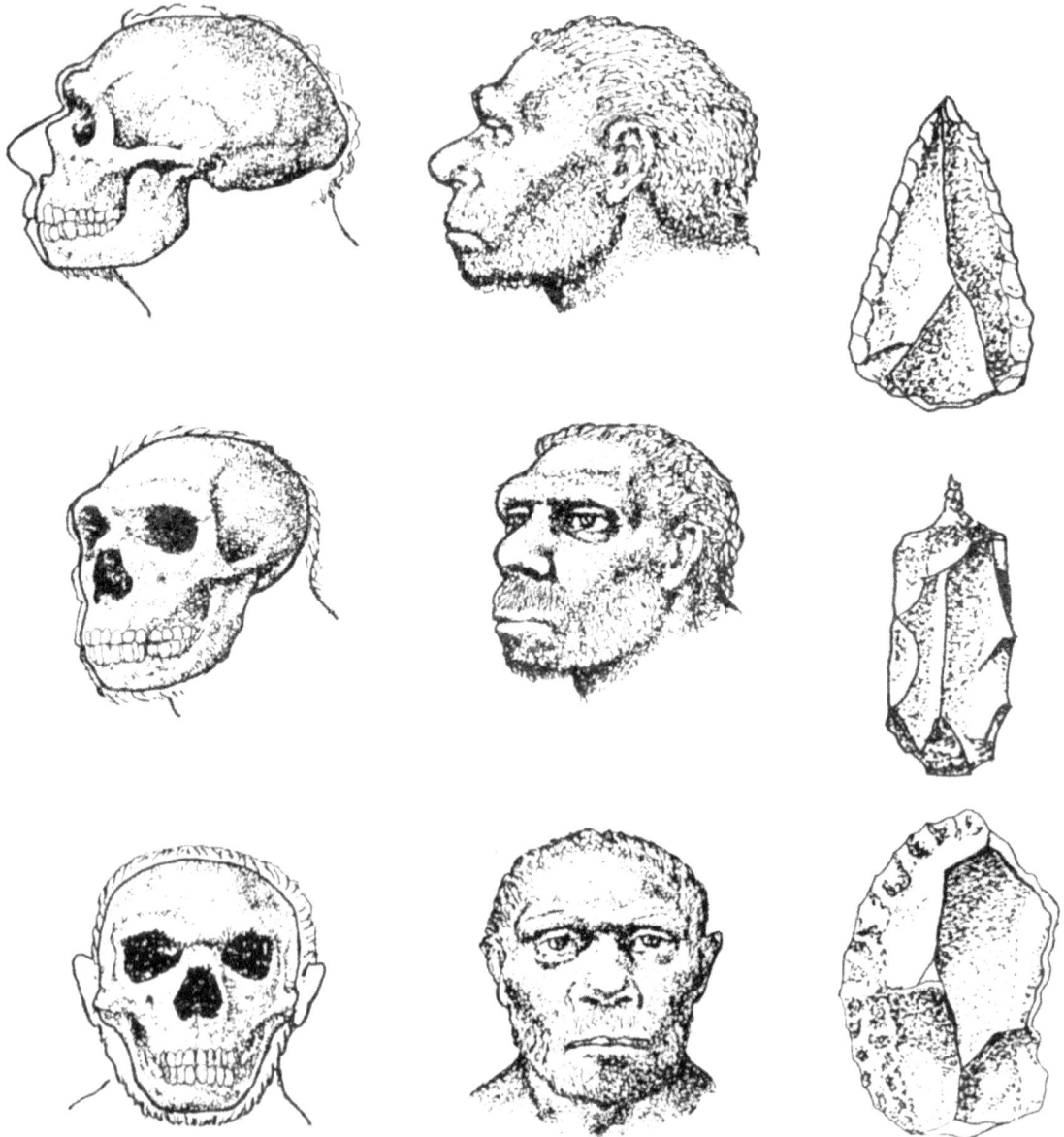

नीऐण्डरथल मानव

नीऐण्डरथल लोगों द्वारा बनाये हुए पत्थर के औजार

क्रो-मैग्नॉन लोगों ने आवश्यकतानुसार नये उपकरणों और हथियारों का निर्माण कर लिया था

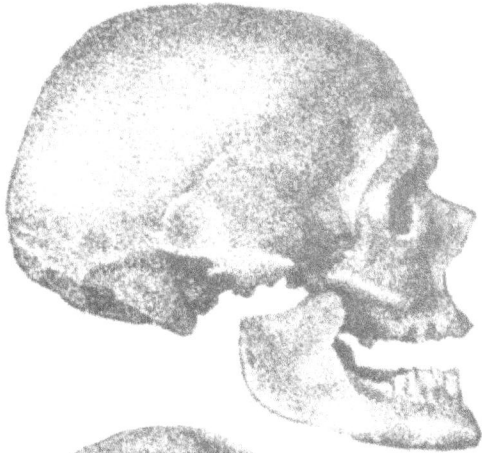

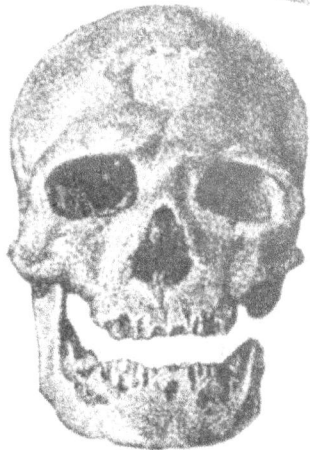

क्रो-मैग्नॉन महिला की खोपड़ी

क्रो-मैग्नॉन लोग गुफाओं की दीवारों और छतों पर चित्र बनाते थे

बचने के लिए वस्त्र तैयार कर लेते थे। इनकी दूसरी विशेषता कला में प्रवीणता थी। जिन गुफाओं में वे रहते थे, उनकी दीवारों और छतों पर उन्होंने अपनी चित्रकारी में दक्ष होने के उदाहरण छोड़े हैं। 30,000 वर्ष पूर्व बनाये गये चित्रों के रंग अभी तक फीके नहीं पड़े हैं। अपने मुर्दों को ये जमीन में गाड़ते थे और उनके साथ उनका कुछ सामान और फूल भी रखते थे। इनके अवशेष फ्रांस में मिले हैं।

क्रो-मैग्नॉन लोग वर्तमान मनुष्य की सबसे पहली उपजाति तक पहुँच चुके थे। इसके बाद उत्तरी पाषाण-काल की शुरुआत होती है। इस काल में मनुष्य गुफाएँ छोड़कर बाहर रहने लगा। मध्य पूर्व में लगभग 11,000 वर्ष पूर्व लोग खेती करने लगे थे। आधुनिक मानव की शुरुआत लगभग 25,000 वर्ष पहले हुई। यह पृथ्वी के जीवों में सर्वश्रेष्ठ है।

अमेरिका के एच.एल. शैपिरो के अनुसार भविष्य का मानव आज के मानव से लम्बा होगा। उसके सिर पर कम बाल होंगे। उन्होंने इसे होमो फ्यूचरिस का नाम दिया है।

✪✪✪

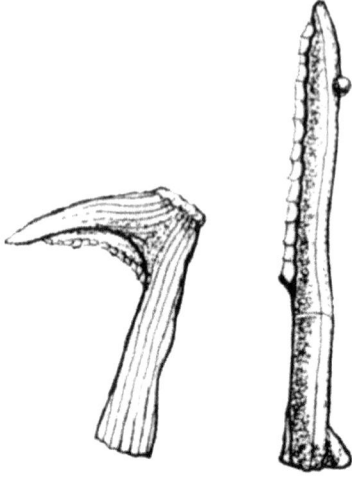

खेती के लिए प्रथम उपकरण पत्थर और सींग के बनाये गये।

लगभग 11,000 वर्ष पूर्व लोग खेती करने लगे थे।

लोग घर बनाकर रहने लगे थे और महिलाएँ गेहूं के आटे से रोटी बनाने लगी थीं।

36

02 वनस्पति जगत (The Plant Kingdom)

वनस्पति-जगत (Plant Kingdom)

वनस्पति-जगत में आज के वैज्ञानिकों को पौधों की 360,000 से भी अधिक जातियाँ ज्ञात हैं। अधिकांश पेड़-पौधे आकार, रूप व संरचना तथा व्यवहार में एक-दूसरे से भिन्न होते हैं। अध्ययन की दृष्टि से वनस्पति-जगत को दो विशाल उपजगतों (Sub-kingdoms) में बाँटा गया है : थैलोफाइटा (Thallophyta)–इस उपजगत के पौधों के विकास में भ्रूण (Embryo) का निर्माण नहीं होता तथा इनकी संरचना सरल होती है। एम्ब्रियोफाइटा (Embryophyta)–इस उपजगत के पौधों में भ्रूण का निर्माण होता है तथा इनकी संरचना काफी जटिल होती है। इनमें से प्रत्येक उपजगत को संघों (Phyla) और संघों को उपसंघों (Sub-phyla) में बाँटा गया है। उपसंघों को अन्य छोटे उपवर्गों (Sub-classes) में बाँटा गया है।

वनस्पति-जगत का वर्गीकरण
(Classification of Plant Kindgom)

I. उपजगत–थैलोफाइटा (Thallophyta)–वे सरल पौधे जिनमें भ्रूण का निर्माण नहीं होता।

संघ (Phyla) 1. साइनोफाइटा (Cyanophyta) नीलहरित शैवाल।

" 2. यूग्लीनोफाइटा (Euglenophyta) यूग्लीना आदि।

शैवाल (Algae) 3. क्लोरोफाइटा (Chlorophyta) हरी शैवाल।

" 4. क्राइसोफाइटा (Chrysophyta)–पीली, हरी, सुनहरी-भूरी शैवाल और डायटम (Diatom) इत्यादि।

" 5. फियोफाइटा (Phaeophyta)–भूरी (brown) शैवाल।

" 6. रोडोफाइटा (Rodophyta)–लाल शैवाल।

" 7. पाइरोफाइटा (Pyrophyta)–क्रिप्टोमोनेड (Cryptomonads), डाइनोफ्लजिलेट (Dinoflagillates) आदि।

जीवाणु (Bacteria)

संघ (Phyla) 8. शाइजोमाइकोफाइटा (Schizomycophyta)–जीवाणु।

कवक (Fungi)

शैवाल

कवक

ब्रायोफाइटा

फर्न

ऐंजियोस्पर्म

कोनिफर

संघ (Phyla) 9. मिक्सोमाइकोफाइटा (Myxomycophyta)–अर्वपक-मोल्ड (Slimmold)।

” 10. यूमाइकोफाइटा (Eumycophyta) –उच्चतर कवक।

II. उपजगत–एम्ब्रियोफाइटा (Embryophyta)–भ्रूण का निर्माण करने वाले जटिल पौधे।

संघ (Phyla) 11. ब्रायोफाइटा (Bryophyta)–एट्रैकिऐटा (Atracheata)–मॉस व लिवरवर्ट आदि, इनमें संवाहक ऊतकों का अभाव होता है।

12. ट्रैकिओफाइटा (Trachaeophyta), ट्रैकिऐटा (Tracheata)–इन पौधों में संवाहक ऊतक होते हैं, जैसे फर्न।

उपसंघ (Subphyla) 1. सिलोप्सिडा (Psilopsida)–जड़ व पत्र रहित वाहि-मूल संयुक्त पौधे। ये लगभग पूर्णरूप से समाप्त हो गये हैं।

” 2. लाइकोप्सिडा (Lycopsida)–क्लब मॉस (Club-moss) तथा अन्य सम्बन्धित जातियाँ, जिनकी संवाहक-प्रणाली सरल होती है तथा पत्तियाँ मोटी व हरी होती हैं।

” 3. स्फिनोप्सिडा (Sphenopsida)–होर्स-टेल (Horse-tail) तथा अन्य सम्बन्धित जातियाँ, जिनमें संवाहक-प्रणाली सरल तथा संयुक्त, पत्तियाँ मोटी व शल्क के समान होती हैं।

” 4. टैरोप्सिडा (Pteropsida)–इनकी संवाहक- प्रणाली जटिल होती है तथा पत्तियाँ बड़ी व स्पष्ट होती हैं।

वर्ग (Class) 1. फिलीसिनी (Filicineae)–वास्तविक फर्न पौधे।

” 2. जिम्नोस्पर्मी (Gymnospermae)–चीड़, देवदार (Fir), स्प्रूस (Spruce) आदि।

” 3. ऐंजियोस्पर्मी (Angiospermae)– वास्तविक पुष्पी-पौधे–गुलाब, मैगनोलिया (Magnolias), लिलाक (Lilacs), सेब, लिली, ऑरकिड् (Orchid) इत्यादि।

✪✪✪

शैवाल (Algae)

शैवाल सबसे सरल पौधे होते हैं। इनमें क्लोरोफिल होता है और ये प्रकाश-संश्लेषण द्वारा भोजन बना सकते हैं। ये संवहन ऊतक (Nonvascular) रहित होते हैं यानी इनमें जाइलम (Xylem) और फ्लोएम (Phloem) नहीं होते। इनके थैलस (Thallus) में वास्तविक जड़ों, तना तथा पत्तियों का अभाव होता है। शैवालों में सूक्ष्म एककोशिकीय पौधों से लेकर विशालकाय बहुकोशिकीय पौधे भी पाये जाते हैं। इनमें लिंगी प्रजनन (Sexual reproduction) के बाद भ्रूण (Embryo) नहीं बनता। अधिकांश शैवाल रंगीन होते हैं। ये 60 मीटर लम्बाई तक बढ़ सकते हैं।

शैवाल नदियों, तालाबों, नालियों, झीलों तथा समुद्रों में उगते हैं। ये जमीन पर नमी वाले स्थानों पर, पहाड़ों तथा पेड़ों के किनारों पर भी मिलते हैं। कुछ जातियाँ ध्रुवीय बर्फ तथा गरम पानी के चश्मों में भी पायी जाती हैं। नील-हरित शैवालों में कुछ तो 70-80°C पर भी जीवित रह सकते हैं। कुछ शैवाल दूसरे पौधों पर भी उगते हैं तथा कुछ पौधों के अन्दर अपना जीवन-चक्र पूरा करते हैं। इनकी लम्बाई 40 से 60 मीटर तक होती है। बहुत से शैवाल मृतजीवी (Saprophytes) और परजीवी (Parasites) भी होते हैं। सर्वोत्तम शैवाल सीवीड (Seaweed) के रूप में मिलते हैं।

शैवालों की 25-30 जातियों को मनुष्य भोजन के रूप में भी प्रयोग करता है। फियोफायसी वर्ग का शैवाल पोराफाइरा (Porphyra) आम तौर पर जापान में खाया जाता है। चीन में नोस्टोक कोम्यूनी (Nostoc commune) भोजन के रूप में प्रयोग की जाती है। हम लोग भी शैवालों को आइसक्रीम, चॉकलेट, मिल्क, जैलेटिन और बीयर के रूप में प्रयोग करते हैं। कुछ शैवाल विषैले भी होते हैं।

शैवाल से मनुष्य को कार्बोहाइड्रेट, विटामिन A, B, C, D, E और कुछ अन्य पदार्थ मिलते हैं। शैवाल मछलियों का मुख्य भोजन है। बहुत से समुद्री शैवाल आयोडीन, पौटेशियम तथा अन्य खनिजों के अच्छे स्रोत हैं। समुद्री किनारे पर खेती करने वाले किसानों के लिए शैवाल एक अच्छा उर्वरक भी है। कुछ लाल शैवाल विशाल बस्तियों के रूप में पैदा होकर पानी का रंग लाल कर देते हैं। कुछ लाल शैवाल टापुओं का निर्माण भी करते हैं।

❂❂❂

विभिन्न प्रकार के शैवाल

कवक (Fungi)

कवक वनस्पति-जगत के आदिकालीन पौधे माने जाते हैं। इनमें क्लो. रोफिल नहीं होता है। अन्य थैलोफाइटा की तरह इनमें भी जड़, तना, फूल और पत्तियाँ नहीं होतीं। ये अपना भोजन स्वयं नहीं बना सकते। ये भोजन के लिए गली-सड़ी वस्तुओं, पौधों तथा जन्तुओं पर निर्भर रहते हैं। कवक परजीवी (Parasitic) या मृतजीवी (Saprophytic) होते हैं। इनमें लैंगिक और अलैंगिक दोनों ही प्रजनन होते हैं। इनकी कोशिका-भित्ति कवक-सेलुलोज या काइटिन से बनी होती है। भोजन पचाने के लिए ये एंजाइम पैदा करते हैं। यीस्ट (Yeast), फफूँद (Molds), कुकरमुत्ते (Mushrooms), पफ बाल (Puff ball) स्मट आदि प्रसिद्ध कवक हैं। पी.ए. माइचैली को कवकों की दुनिया का जन्मदाता कहते हैं। इन्होंने फंगी (कवक) का सन् 1729 में आविष्कार किया था।

कवक संसार की हर जलवायु और पर्यावरण में हर जगह पाये जाते हैं। कुछ कवक हवा या पानी में भी पाये जाते हैं।

कवक हमारे जीवन के लिए लाभदायक भी हैं और हानिकारक भी।

छत्रक (Agaricus), गुच्छी (Morchella) आदि कवकों को मनुष्य भोजन के रूप में प्रयोग करता है। कैमेमबर्ट व रोकफोर्ट कवक पनीर बनाने तथा उसमें महक पैदा करने के काम आते हैं। यीस्ट का इस्तेमाल डबलरोटी तथा एल्कोहल बनाने में किया जाता है। यह विटामिन 'बी' तथा प्रोटीन का अच्छा स्रोत है। कुछ कवकों का उपयोग एण्टीबायोटिक औषधियों के निर्माण में किया जाता है। 'पेनिसिलिन' कवक से ही प्राप्त की जाती है। कवक मिट्टी की उर्वरता को भी बनाये रखते हैं।

रस्ट, स्मट, मोल्ड आदि कवक फसलों में कई प्रकार की भयानक बीमारियाँ पैदा करते हैं। ये मनुष्य और पालतू जानवरों में भी रोग उत्पन्न करते हैं। भोज्य पदार्थों को कवक खराब कर देते हैं। इनकी कुछ जातियों के खाने से मनुष्य की मृत्यु हो जाती है। इनमें सबसे जहरीला कवक 'पीला-हरा कुकुरमुत्ता' (Toadstool) है। एरगोट (Ergot) कवक से एल.एस.डी नामक नशीली दवा बनायी जाती है।

❂❂❂

विभिन्न प्रकार के कवक

जीवाणु (Bacteria)

जीवाणु सबसे सूक्ष्म और एक कोशिकीय साधारण पौधे हैं। आम तौर पर ये एककोशिकीय होते हैं, लेकिन कभी-कभी कोशिकाओं की संख्या 20 तक भी होती है। इनकी लम्बाई 2 से 5 माइक्रोन तक होती है। एक माइक्रोन .001 mm. के बराबर होता है। जीवाणु चल या अचल दोनों प्रकार के होते हैं। ये प्रायः चार रूपों में पाये जाते हैं : गोलाकार (Spherical or Cocci), दण्डरूपी (Bacillus or rod-shaped), सर्पिल (Spiral) तथा विब्रो (Vibro)। विशेषज्ञों के अनुसार जीवाणु धरती के प्रथम जीव माने जाते हैं। बैक्टीरिया सबसे पहले एंटोन वैन लीवानहुक ने सन् 1675 में देखे थे।

जीवाणु हर जगह पाये जाते हैं। ये बर्फ में व गरम पानी के चश्मों में 78°C तापमान पर भी जीवित रहते हैं। सामान्यतः जीवाणु मिट्टी, पानी, वायु और दूसरे प्राणियों पर पाये जाते हैं। जीवाणु अपना भोजन दूसरे सजीव तथा निर्जीव पदार्थों से प्राप्त करते हैं। इसलिए ये परजीवी, मृतजीवी या सहजीवी होते हैं। जीवाणुओं की वृद्धि विभाजन-क्रिया द्वारा होती है। एक जीवाणु विभाजित होकर दो फिर दो से चार और चार से आठ बन जाते हैं। कुछ ही घण्टों में इनकी संख्या लाखों में हो जाती है। लेकिन भोजन के अभाव में कुछ ही जीवित रह पाते हैं।

जीवाणु हमारे लिए कई प्रकार से लाभकारी हैं। इनमें से कुछ लाभ इस प्रकार हैं : उद्योगों के लिए महत्त्वपूर्ण रसायनों का उत्पादन; पनीर, सिरका, दही, मक्खन आदि का जीवाणुओं द्वारा उत्पादन; विटामिनों का उत्पादन; पौधों और प्राणियों के मृत शरीरों का अपघटन; मिट्टी की उर्वरता को बनाये रखना आदि।

जीवाणु मनुष्य के जीवन पर हानिकारण प्रभाव भी डालते हैं, जैसे—मनुष्यों, पालतू जानवरों और फसलों में अनेक रोग उत्पन्न करना, भोजन को खराब करना तथा मिट्टी से नाइट्रोजन का निष्कासन आदि। रोग फैलाने वाले जीवाणु शरीर में विष पैदा करते हैं, जिन्हें 'जीवविष' कहते हैं। यह विष रोगी के ऊतकों को हानि पहुँचाता है और उन्हें मार डालता है। तपेदिक, टिटनस, कुष्ठरोग, सिफलिस, ग्नोरिया आदि जीवाणु जन्य रोग हैं। इनसे हैजा, मियादी बुखार, डिप्थीरिया आदि रोग भी फैलते हैं।

जीवाणु प्राणियों के शरीर में रोगकारक जीवाणुओं के हमले के कारण प्रतिरक्षी भी बन जाते हैं। जिस प्राणी के शरीर में किसी रोग के जीवाणुओं के हमले के कारण ये प्रतिरक्षी बनते हैं, उस प्राणी में बीमारी के प्रति रोधक्षमता पैदा हो जाती है। सक्रिय रोधक्षमता टीकों द्वारा भी पैदा की जा सकती है। टीके मृत या कमजोर जीवाणुओं द्वारा अथवा उनके विषों द्वारा बनाये जाते हैं।

❖❖❖

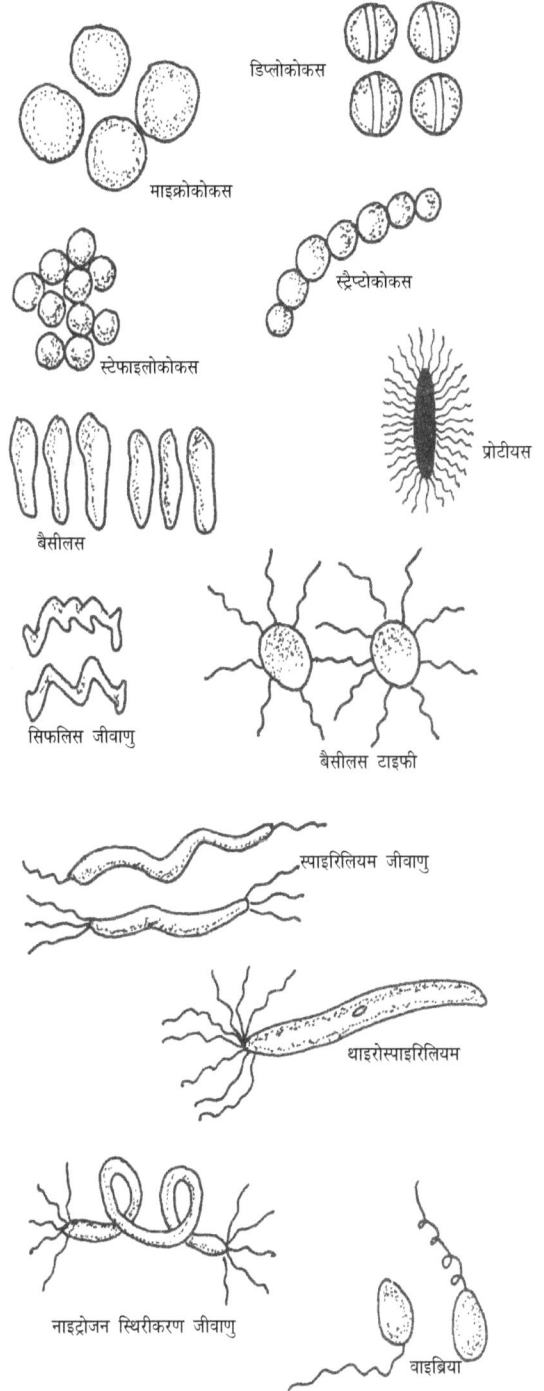

डिप्लोकोकस

माइक्रोकोकस

स्ट्रेप्टोकोकस

स्टेफाइलोकोकस

प्रोटीयस

बैसीलस

बैसीलस टाइफी

सिफलिस जीवाणु

स्पाइरिलियम जीवाणु

थाइरोस्पाइरिलियम

नाइट्रोजन स्थिरीकरण जीवाणु

वाइब्रिया

43

ब्रायोफाइटा (Bryophyta)

ब्रायोफाइटा भ्रूण (Embryo) बनाने वाले हरे पौधों 'एम्ब्रियोफाइटा' का सबसे साधारण समूह है। ये पौधे आम तौर पर छोटे होते हैं और इनमें संवहन ऊतक (Vascular Tissue) नहीं होता। इनमें नर जननांग पुंधानी (Antheridium) और मादा जननांग स्त्रीधानी (Archegonium) दोनों ही होते हैं। इनमें वास्तविक जड़ें, तना एवं पत्तियाँ नहीं होतीं। इस संघ में मॉस (Mosses) एन्थोसिरोटी (हार्नवर्ट) तथा हिपैटिसी (लिवरवर्ट) शामिल हैं।

ब्रायोफाइटा विश्व के सभी नमी वाले स्थानों में पाये जाते हैं। ये नम चट्टानों व वृक्ष की छालों आदि पर भी उग आते हैं। कुछ गरम और शुष्क जलवायु में भी पैदा होते हैं।

आम तौर पर ब्रायोफाइटा का आर्थिक महत्त्व बहुत कम है। ये महत्त्वपूर्ण स्थल-निर्माण का काम करते हैं। ये ही वे पहले पौधे हैं, जो शैलों से स्थल बनाने का काम करते रहे हैं। लिवरवर्ट, मॉस तथा लाइकेन इन अछूती भूमियों पर वृद्धि करते हैं। मिट्टी के अपरदन (Erosion) को रोकने में भी ब्रायोफाइटा सहायक हैं। ये मिट्टी में नमी को रोकते हैं। उसे बहने से रोकते हैं और अपनी जगह पर जमाये रखते हैं। इसी प्रकार ये बाढ़-नियन्त्रण में भी सहायता करते हैं। बड़े मॉसों का उपयोग वस्तुओं की पैकिंग में किया जाता है। यह एक वानस्पतिक ईंधन है, जो दलदल आदि जगहों पर एकत्रित होकर धीरे-धीरे अपघटित होता रहा और फिर कार्बनीकरण द्वारा ऊर्जा का एक स्रोत बन गया। विश्व के कुछ भागों में, जैसे आयलैण्ड और स्कॉटलैण्ड में, पीट ऊर्जा का महत्त्वपूर्ण स्रोत है। स्फेगनम (Sphagnum) को अच्छी तरह साफ करके घावों में ड्रेसिंग करने के काम में लाया जाता है।

❋❋❋

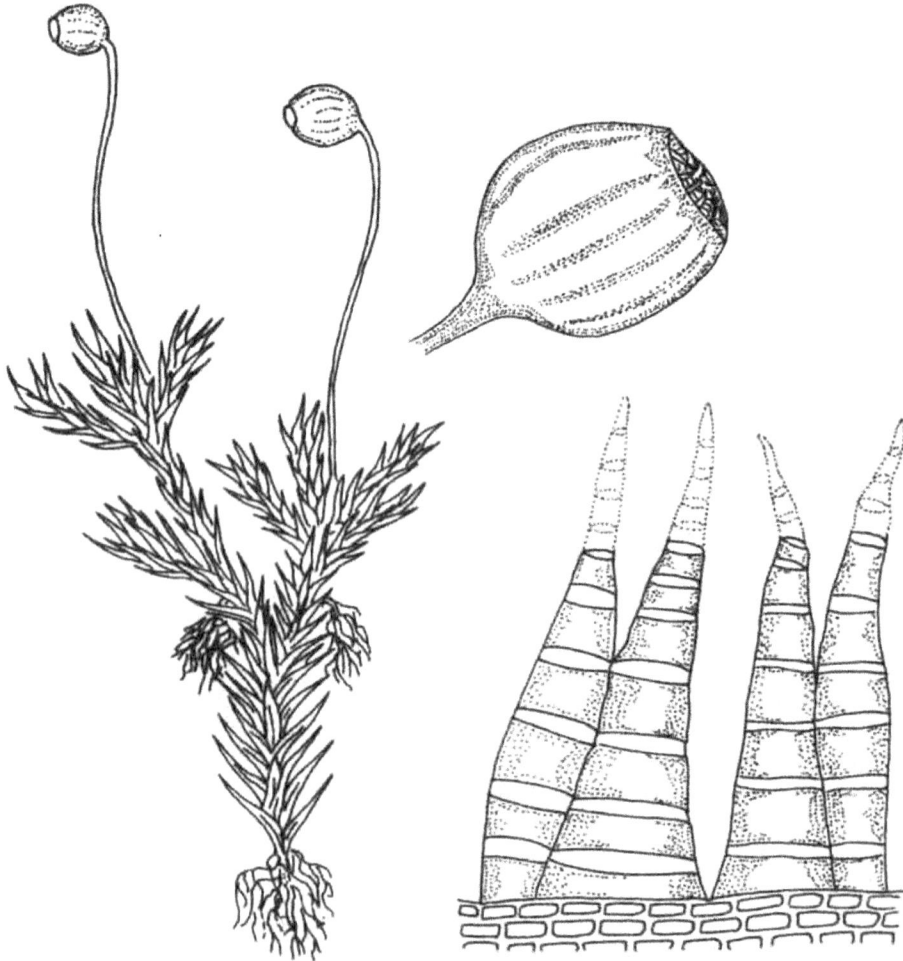

मॉस नमी वाले स्थानों पर पाये जाते हैं।

44

फर्न (Ferns)

'फर्न पौधे' ट्रैकिनओफाइटा संघ के उपसंघ फिलिकोफाइटा में आते हैं। ये बिना फूलों के पौधे हैं इनमें बीज का निर्माण नहीं होता। इस श्रेणी में लगभग 250 जीवित वंश तथा 9000 जातियाँ हैं। ऐसा अनुमान है कि बीज वाले पौधे, फर्नों के किसी आदिम वर्ग से विकसित हुए हैं।

सत्रहवीं और अठारहवीं शताब्दी के लोग फर्न के पौधों पर फूल व बीज न पाकर अचम्भित हो जाते थे। ढंग से प्रजनन करते हैं। वे सोचते थे कि यदि किसी व्यक्ति को फर्न का बीज मिल जाये तो उसमें अद्वितीय गुण आ जायेंगे। शेक्सपियर ने 'हेनरी IV' में लिखा है कि "हमें फर्न का बीज मिल गया है और हम अदृश्य बनकर चल सकते हैं।" आज भी पौधों के विक्रेताओं से कुछ ग्राहक यह शिकायत करते हैं कि उनके फर्न की पत्तियों की निचली सतह पर 'भूरे धब्बे या कीड़े आ गये हैं। वास्तव में ये कीड़े या धब्बे नहीं होते, बल्कि बीजाणुधानियाँ (Sporangnium) होती हैं, जिन्हें 'सोरी' (Sori) कहते हैं।

फर्न आम तौर पर नम, अँधेरे जंगलों की सतह पर उगते हैं। ये कुछ चरागाहों तथा खुले स्थानों पर भी पाये जाते हैं। ये दुनियाभर में मिलते हैं, लेकिन उष्णकटिबन्धीय नम वनों में बहुतायत से मिलते हैं। ये पौधे अधिकतर शाकीय होते हैं, कभी-कभी लताएँ एवं वृक्षरूप में भी पाये जाते हैं। वृक्षीय फर्न के तने सीधे तथा शाखारहित होते हैं। इनकी चोटियों पर ताड़ जैसी पत्तियाँ होती हैं। इनके तनों की ऊँचाई 18 मीटर तक पायी जाती हैं।

ये सुन्दर पौधे हैं इनके प्रकन्द खाये जाते हैं। इनके रेशे तकियों आदि में भरे जाते हैं। जीवाश्म फर्नों ने कोयला निर्माण में भाग लिया है। फर्नों की पत्तियाँ सब्जियों और फलों को पैक करने के काम आती हैं। आँतों के कीड़ों को नष्ट करने के लिए फर्न से एक औषधि भी बनायी जाती है।

✹✹✹

विश्व में फर्नों की 9,000 जातियाँ हैं।

45

बीज वाले पौधे (Gymnosperms and Angiosperms)

जिम्नोस्पर्म और एंजियोस्पर्म बीज वाले पौधे हैं। जिम्नोस्पर्म पौधों में बीज नग्न रूप से पौधे में लगे होते हैं अर्थात् बीज किसी खोल या फल में बन्द नहीं होते, जबकि ऐंजियोस्पर्म पौधों में आने वाले बीज खोल या फल में बन्द होते हैं। जिम्नोस्पर्म पौधों की पत्तियाँ पूरे साल वृक्ष पर लगी रहती हैं, इसलिए इन वृक्षों को सदाबहार पेड़ कहते हैं। ऐंजियोस्पर्मों का प्रतिवर्ष पतझड़ होता है।

सभी बीज वाले पौधों की पत्तियों में क्लोरोफिल होता है और ये अपना भोजन स्वयं बनाते हैं। जिम्नोस्पर्म पौधों में प्रजनन की क्रिया शंकुओं में होती है, जबकि ऐंजियोस्पर्म पौधों में प्रजनन-क्रिया फूलों में होती है। जिम्नोस्पर्म का जाइलम सरल होता है, जबकि ऐंजियोस्पर्म का जटिल।

जिम्नोस्पर्मों से इमारती लकड़ी तथा ईंधन प्राप्त होते हैं। चीड़, डोग्लास फर, रेडवुड, स्प्रूस, देवदार आदि इसके उदाहरण हैं। ये वृक्ष उत्तरी और दक्षिणी शीतोष्ण वनों में पाये जाते हैं। इनमें वायु द्वारा बीजों का फैलाव होता है। इनमें नर और मादा दोनों ही वृक्ष होते हैं। एंजियोस्पर्म पेड़ों में बीज दो फाड़ी वाले और एक फाड़ी वाले होते हैं।

ऐंजियोस्पर्मों में तरबूज, खरबूज, ककड़ी, खीरा, टमाटर, फलिया, अंगूर, नाशपाती आदि के वृक्ष आते हैं। इनके बीजों में एक बीजपत्र और दो बीजपत्र होते हैं। इन दो प्रकार के बीजी पौधों में एक-दूसरे से काफी अन्तर होता है। इनकी जड़ें लम्बी होती हैं। इनकी पत्तियों में भी भारी अन्तर होता है। इन पौधों से हमें अनाज, दालें, फल, सब्जियाँ आदि प्राप्त होते हैं। इनसे हमें कॉफी, कपास, मसाले, तेल और औषधियाँ भी प्राप्त होती हैं।

❁❁❁

कोनिफरों में विभिन्न प्रकार के शंकु

पौधों का पारिस्थितिकीय वर्गीकरण
(Ecological Classification of Plants)

भली-भाँति फलने-फूलने के लिए पौधों को मानव की तरह अपने आपको वातावरण के साथ ढालना होता है। जीवित रहने के लिए पौधे अपने आपको वातावरण में उपस्थित प्रकाश, तापमान, पानी, वायु और मिट्टी के साथ समायोजित करते हैं। पौधों में अपने आपको वातावरण से समायोजित करने की सामर्थ्य को अनुकूलन (Adaptation) कहते हैं। पारिस्थितिकीय वर्गीकरण के अनुसार पौधों को निम्नलिखित वर्गों में बाँटा गया है :

जलोद्भिद् (Hydrophytes)

इस समुदाय के पौधे पानी में जीवित रहते हैं और वहाँ की परिस्थितियों के अनुसार अपने आपको ढालते हैं। ये या तो पानी में पूरे डूबे होते हैं, जैसे हाइड्रिला, वैलिसनेरिया आदि; या इनका अधिकांश भाग पानी में डूबा हुआ होता है, जैसे सिंघाड़ा, कमल आदि; या ये पानी की सतह पर तैरते होते हैं, जैसे एजोला, सैलवीनिया, युट्रिकुलेरिया आदि। पानी पर तैरने वाले पौधे हवा के साथ पानी की सतह पर दूर-दूर तक जाते हैं।

मध्योद्भिद् (Mesophytes)

सामान्य वातावरण में पाये जाने वाले स्थलीय पौधों के समुदाय को 'मेसोफाइट' कहते हैं। ये पौधे उन स्थानों पर उगते हैं जहाँ की जलवायु न तो बहुत शुष्क हो और न ही बहुत नम तथा जहाँ तापमान और वायुमण्डल की आपेक्षिक आर्द्रता भी साधारण हो। गेहूँ, मटर, टमाटर, आम, अमरूद आदि इसके उदाहरण हैं। इनकी जड़ें जमी हुई होती हैं। पत्तियाँ बड़ी और चौड़ी होती हैं। इनके तने सीधे होते हैं।

मरुद्भिद् (Xerophytes)

इस समुदाय के पौधे रेगिस्तान या सूखे स्थानों में उगते हैं। ये अधिक समय तक सूखे वातावरण में रहने पर भी जीवित और हरे-भरे रह सकते हैं। पानी की पूर्ति के लिए इन पौधों की जड़ें बहुत लम्बी

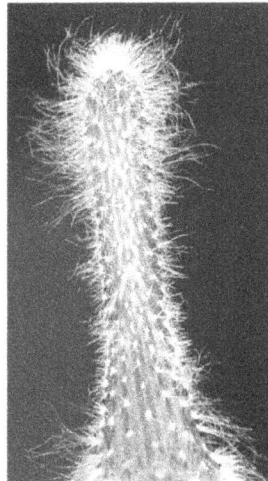

विभिन्न जाति के कैक्टस

47

तथा इनके तने और पत्तियाँ बहुत मोटी और माँसल हो जाती हैं। आम तौर पर उत्स्वेदन द्वारा पानी को उड़ने से रोकने के लिए इनके तनों पर पत्तियों का काँटों में रूपान्तरण हो जाता है। विभिन्न जाति के कैक्टस, गोखरू, नागफनी, मदार आदि इसी समुदाय के पौधे हैं।

लवणोद्भिद् (Halophytes)

ये ऐसे स्थानों पर उगने वाले पौधे हैं, जहाँ पर पानी में खनिज लवणों की मात्रा बहुत अधिक होती है। इस वर्ग के पौधों की पत्तियाँ और तना आम तौर पर मोटा और माँसल हो जाता है। जल की हानि को रोकने के लिए कुछ पौधों में श्वसन-जड़ें होती हैं जो मिट्टी के ऊपर निकली हुई होती हैं और श्वसन का कार्य करती हैं। राइजोफोरा (Rhizophora), एवीसीनिया (Avicenia) आदि इनके उदाहरण हैं।

अधिपादप (Epiphytes)

ये पौधे दूसरे पौधों के ऊपर उगते हैं, खम्भों या तारों पर वृद्धि करते हैं या मकानों की छतों आदि पर उगते हैं। आम तौर पर अधिपादप क्लोरोफिल युक्त तथा स्वयं भोजन बनाने वाले पौधे होते हैं। ये नम हवा से कार्बन डाइऑक्साइड तथा पानी प्राप्त करते हैं। इनकी जड़ें पानी तथा पोषक पदार्थ अपने चारों ओर जमी हुई धूल से प्राप्त करती हैं। मॉसों, फर्नों, आर्किडों आदि की कई जातियाँ अधिपादप वर्ग में आती हैं। तोरई, लौकी की बेलें इसी वर्ग में आती हैं।

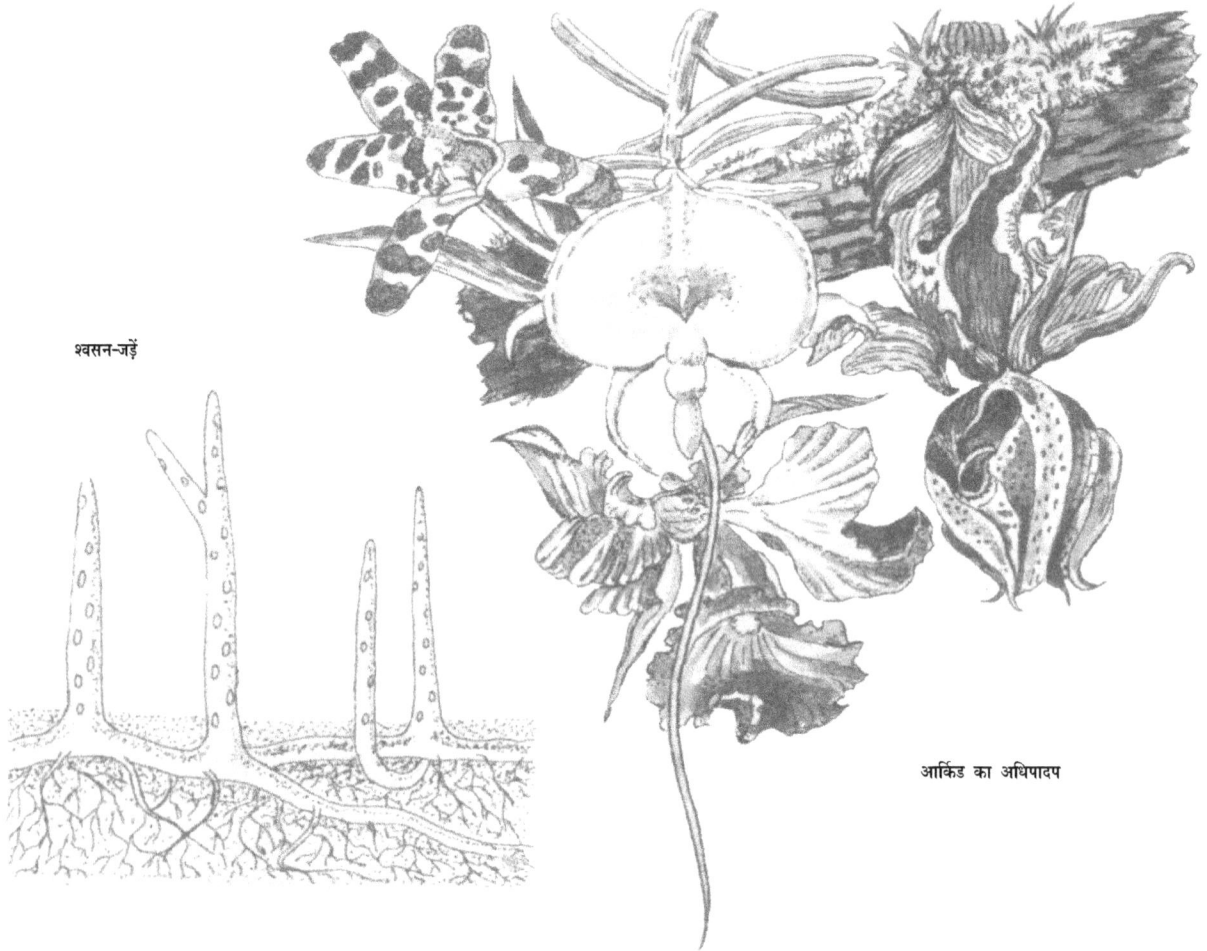

✪✪✪

श्वसन-जड़ें

आर्किड का अधिपादप

लाभदायक जड़ें (Useful-Roots)

'जड़ें' पौधों के लिए तो महत्त्वपूर्ण हैं ही, लेकिन बहुत से पौधों की जड़ें हमारे लिए भी अत्यन्त उपयोगी हैं। कुछ पौधों की जड़ें औषधि बनाने के लिए इस्तेमाल की जाती हैं, जैसे–एकोनाइट, हींग, किरात कुल का नीले फूल वाला पौधा, गोल्डन सील, जैनरान लिकोराइस रेवत चीनी, माश मैलो और वेलेरियन आदि। इसके अलावा कुछ पौधों की मुख्य जड़ों को हम भोजन के रूप में प्रयोग करते हैं। चुकन्दर, गाजर, मूली, शलजम, शकरकन्दी, कचालू, और टेपिऔका आदि ऐसी ही जड़ें हैं। ये जड़ें भोजन संग्रह करने के कारण मोटी और माँसल हो जाती हैं। इनके अनेक रूपान्तरण हो जाते हैं, जैसे–तर्कु रूप (Fusiform), जैसे मूली शंकु रूप (Conical), गाजर, कुम्भी रूप (Napiform), बीटरूट कन्दिल (Tuberous) मीठा आलू तथा ग्रन्थिमय (Nodulated) करकुमा आदि। इनमें से चुकन्दर, गाजर, शलजम आदि दो वर्षीय जातियाँ है। अपने पहले साल की वृद्धि के दौरान ये पौधे बहुत ज्यादा भोजन बनाते हैं, जिसका अधिकांश भाग मूसला जड़ों में एकत्रित हो जाता है। वहाँ से दूसरे साल में ये मुख्य रूप से फूलों और बीजों को बनाने का काम करते हैं। मनुष्य इन पौधों की जड़ों को भोजन के लिए इनके जीवन के पहले वर्ष में ही प्रयोग करता है। हल्दी मसालों के रूप में प्रयोग की जाती है।

मसाले और कुछ ऐरोमैटिक पदार्थ बहुत-सी जातियों के पौधों की जड़ों से बनाये जाते हैं। मदार और ऐल्काना (Alkanna) की जड़ों से महत्त्वपूर्ण रंग तैयार किये जाते हैं। मदार से गाढ़ा लाल रंग (Turky red) बनाया जाता है। आजकल अधिकांश रंग संश्लेषित विधियों से बनाये जाते हैं।

❀❀❀

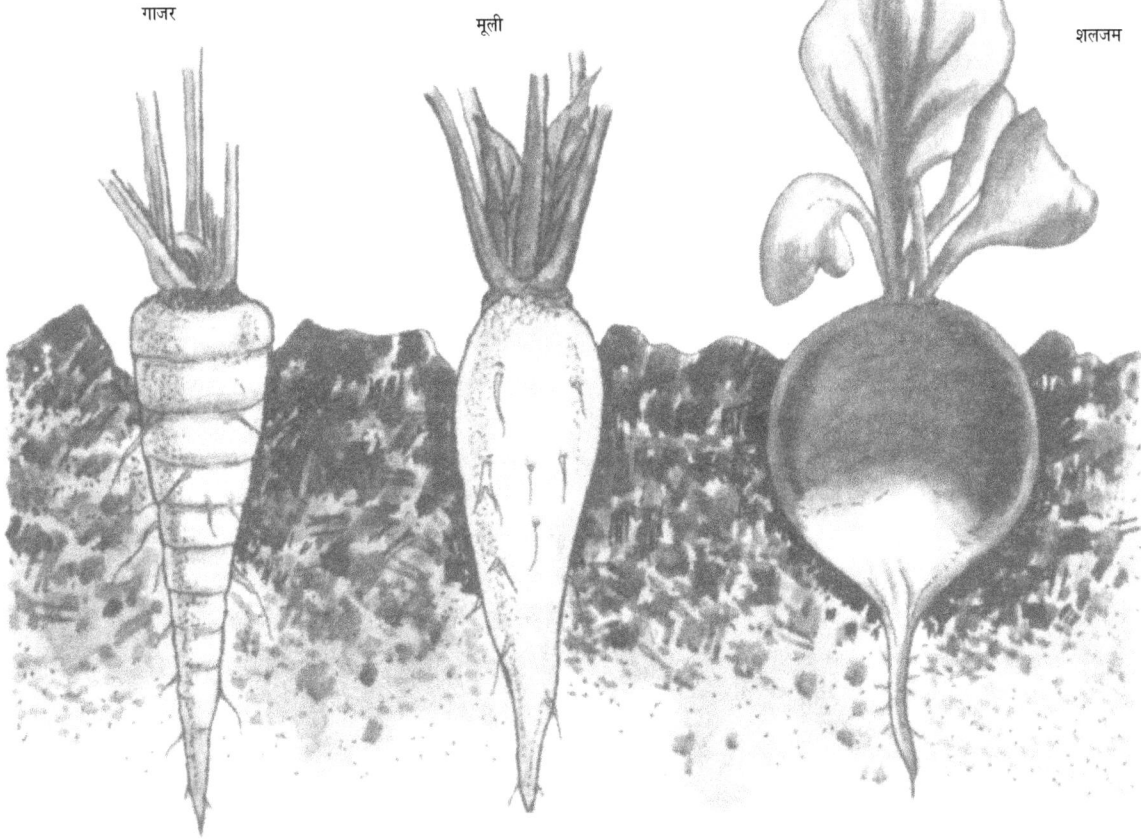

भोजन संग्रह करने वाली जड़ें

49

भूमिगत तने (Underground Stems)

तने के मुख्य रूप से दो कार्य हैं–पहला तो यह शाखाओं, पत्तियों, फूल और फलों को साधे रखता है तथा दूसरा यह पानी और पदार्थों को जड़ों से पत्तियों में और पत्तियों से जड़ों में संचारित करता है। तनों को अपने इन साधारण कार्यों के अतिरिक्त आवश्यकतानुसार विभिन्न असामान्य कार्य भी करने पड़ते हैं। उनमें एक विशिष्ट कार्य भोजन-संग्रह करना भी है। असामान्य कार्यों के कारण तनों के रूप भी बदल जाते हैं। इन बदले हुए रूपों को 'तनों का रूपान्तरण' कहते हैं।

रूपान्तरित तनों में जो तने भूमि के नीचे पाये जाते हैं, उन्हें 'भूमिगत तने' कहते हैं। ये तने प्रसुप्त (Dormant) दशा में रहते हैं, लेकिन अनुकूल परिस्थितियों में इनकी कलिकाओं से नये पौधे निकलते हैं। इनमें भोजन संचित होता रहता है, जिससे ये काफी मोटे और माँसल हो जाते हैं। ये कायिक प्रजनन (Vegetative propagation) द्वारा नये पौधों को जन्म देते हैं। भूमिगत तने मुख्य रूप से चार प्रकार के होते हैं–प्रकन्द (Rhizomes), कन्द (Tubers), शल्क कन्द (Bulbs) तथा घनकन्द (Corm)।

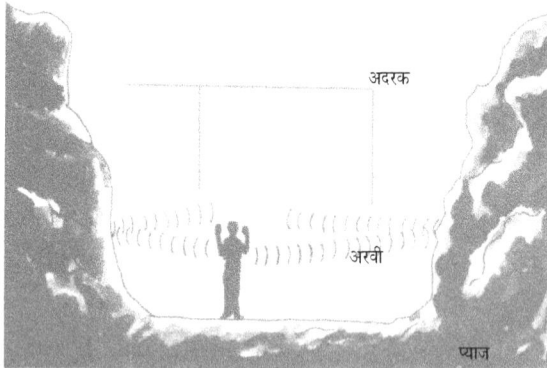

प्रकन्द (Rhizomes) ऐसे भूमिगत तने हैं, जो सीधे, मोटे तथा माँसल होते हैं। ये भूमि की सतह के नीचे क्षैतिजतः (Horizontally) बढ़ते हैं। अदरक (Ginger), हल्दी (Turmeric), फर्न (Fern), कमल (Lotus), केली (Canna), गन्ना (Sugarcane) इसी प्रकार के तने हैं। इनमें पर्व (Internodes) एवं पर्वसन्धियाँ (Nodes) होती हैं। पर्वसन्धियों पर भूरे रंग के अनेक शल्क पत्र होते हैं। इनके कक्ष में कलिकाएँ (Buds) होती हैं। तने के निचले भाग से अपस्थानिक जड़ें भी निकलती हैं। जब इन्हें काट या तोड़ दिया जाता है, तो प्रत्येक भाग से नये पौधे का जन्म होता है।

कन्द (Tubers) भूमि के अन्दर ही पैदा होने वाली शाखा का फूला हुआ सिरा है। ये शाखाएँ खाद्य-पदार्थ संचित हो जाने के कारण सिरे पर फूल जाती हैं। इन फूले हुए भागों की सतह पर कुछ गड्ढे होते हैं। इन गड्ढों में मौजूद कलिकाओं से वायवीय शाखाएँ बनती हैं। कन्द में से अपस्थानिक जड़ें नहीं निकलतीं। ये तने प्रायः गोल होते हैं, जैसे–आलू (Potato) और हाथी चक्र (Jerusalemartichoke)।

शल्क कन्द (Bulbs) वास्तव में एक बड़ी गोल कलिका है, जिसके नीचे की तरफ एक छोटा-सा तना होता है। इसकी ऊपरी सतह से गूदेदार शल्क की तरह की पत्तियाँ निकलती हैं। इस तने के नीचे से बहुत-सी अपस्थानिक जड़ें निकलती हैं। इस प्रकार शल्क कन्द का एक बड़ा भाग भोजन एकत्रित करने वाली पत्तियाँ हैं, जो आधार पर स्थित छोटे तने से निकलती हैं। प्याज, लहसुन, लिली, नारसिसस तथा हायासिन्थ आदि जाने-पहचाने शलक कन्दों के उदाहरण हैं।

घनकन्द (Corm) एक छोटा, गोलाकार, ऊर्ध्व भूमिगत तना है। यह शल्क कन्द से भिन्न होता है, क्योंकि शल्क में तने में निकलती हुई माँसल पत्तियाँ होती हैं, जबकि घनकन्द मुख्यतया स्तम्भ ऊतक का बना होता है। घनकन्द के अगले सिरे पर एक अग्रस्थ कलिका होती है जो वायुवीय प्ररोह (Aerial shoot) को जन्म देती है। मौसम के अन्त में घनकन्द के हवाई भाग सूखकर नष्ट हो जाते हैं। अरवी, कचालू, जिमीकन्द, जाफरान आदि इसी प्रकार के तने हैं।

❀❀❀

अदरक

अरवी

प्याज

आलू

भोजन संग्रह करने वाले भूमिगत तने

प्रकाश-संश्लेषण (Photosynthesis)

पौधों को दो प्रकार के भोजन की आवश्यकता होती है– अकार्बनिक (Inorganic) और कार्बनिक (Organic)। अकार्बनिक पौधे भोजन अपनी जड़ों द्वारा जमीन से प्राप्त करते हैं तथा कार्बनिक अपने भोजन का निर्माण वे स्वयं करते हैं। जिस क्रिया द्वारा हरे पौधे का. र्बनिक भोजन बनाते हैं, उसे प्रकाश- संश्लेषण (Photosynthesis) की क्रिया कहते हैं।

प्रकाश-संश्लेषण की क्रिया केवल हरे पौधों में होती है। पौधों की पत्तियों में एक हरा पदार्थ होता है, जिसे पर्णहरित (Chlorophyll) कहते हैं। वास्तव में पत्तियों का हरा रंग इसी पदार्थ के कारण होता है। बिना क्लोरोफिल के प्रकाश-संश्लेषण की क्रिया नहीं हो सकती।

प्रकृति में प्रकाश-संश्लेषण की क्रिया ही एक ऐसी क्रिया है, जो अकार्बनिक पदार्थों (कार्बन डाइऑक्साइड और पानी) को कार्बनिक पदार्थ शर्करा (Sugar) में बदल देती है तथा साथ-ही-साथ वायु में ऑक्सीजन छोड़ती है। प्रकाश-संश्लेषण की क्रिया बड़ी जटिल है। यह सूर्य के प्रकाश की ऊर्जा तथा क्लोरोफिल की उपस्थिति में सम्पन्न होती है। यह क्रिया निम्नलिखित प्रकार से होती है।

जल + कार्बन डाइऑक्साइड

$$\xrightarrow[\text{क्लोरोफिल}]{\text{प्रकाश ऊर्जा}} \text{शर्करा + ऑक्सीजन}$$

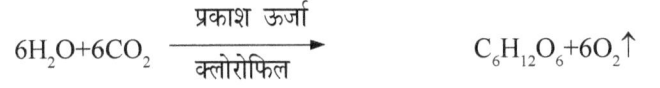

$$6H_2O + 6CO_2 \xrightarrow[\text{क्लोरोफिल}]{\text{प्रकाश ऊर्जा}} C_6H_{12}O_6 + 6O_2\uparrow$$

प्रकाश संश्लेषण की क्रिया 25°C से 45°C तक होती है।

पौधे अपनी जड़ों द्वारा जमीन से पानी अवशोषित करके पत्तियों तक भेजते हैं। कार्बन डाइऑक्साइड सूक्ष्म छिद्रों द्वारा पत्तियों में प्रवेश करती है, तभी क्लोरोफिल और सूर्य के प्रकाश की उपस्थिति में यह क्रिया सम्पन्न होती है। क्रिया के फलस्वरूप बना ग्लूकोज पौधों की कोशिकाओं द्वारा रासायनिक ऊर्जा के रूप में प्रयुक्त किया जाता है। ग्लूकोज नाइट्रोजन के साथ क्रिया करके अमीनोअम्ल और प्रोटीन बनाता है। ग्लूकोज का कुछ भाग सेल्यूलोज में बदलकर पौधे के ऊतकों का निर्माण करता है। कुछ ग्लूकोज स्टार्च में बदलकर पत्तियों, तना तथा जड़ों में जमा हो जाता है। स्टार्च रात्रि में जमा होता है। इस प्रकार पौधों का जीवन-चक्र चलता रहता है।

❂❂❂

51

पतझड़ (Autumn)

जिन पौधों की पत्तियों का पतझड़ उनके बनने के एक साल के भीतर ही हो जाता है, उन्हें पर्णपाती (Deciduous) पौधे कहते हैं। इसके विपरीत सदाबहार (Evergreen) पौधों की पत्तियाँ आम तौर पर तीन-चार वर्ष या इससे भी अधिक समय तक शाखाओं पर लगी रहती हैं। ऐसा नहीं है कि सदाबहार पौधों में हमेशा वे ही पत्तियाँ लगी रहती हैं, बल्कि इनकी कुछ पत्तियाँ गिरती रहती हैं और उनके स्थान पर नयी पत्तियाँ आती रहती हैं। इसीलिए ये पौधे सदा ही हरे दिखायी देते हैं। भिन्नता के बावजूद इन पौधों में भी पतझड़ होने के कारण समान हैं।

सर्दियों में टहनी के आधार पर कुछ कोशिकाएँ विभेदित हो जाती हैं और वे टहनी के आधार के चारों तरफ भित्तिवाली कोशिकाओं की एक परत बनाती हैं, जिसे विलगन परत (Abscission layer) कहते हैं। विलगन परत बनने के कुछ ही समय बाद पत्ती ढीली होकर सूखने लगती है। इस स्थिति में पत्ती केवल संवहनी बण्डलों द्वारा ही टहनी के साथ जुड़ी रहती है। हवाओं के टकराव या बर्फ गिरने के कारण पत्ती के बार-बार हिलने से विलगन परत में दरारें पड़ जाती हैं और पत्ती गिर जाती है। इसी को हम 'पतझड़' कहते हैं। पतझड़ के मौसम में वृक्ष बिल्कुल नंगे हो जाते हैं। विलगन परत के बनने के बाद जहाँ से पत्ती को गिरना है, वहाँ पर कार्क कोशिकाओं की आरक्षी परत बन जाती है।

❁❁❁

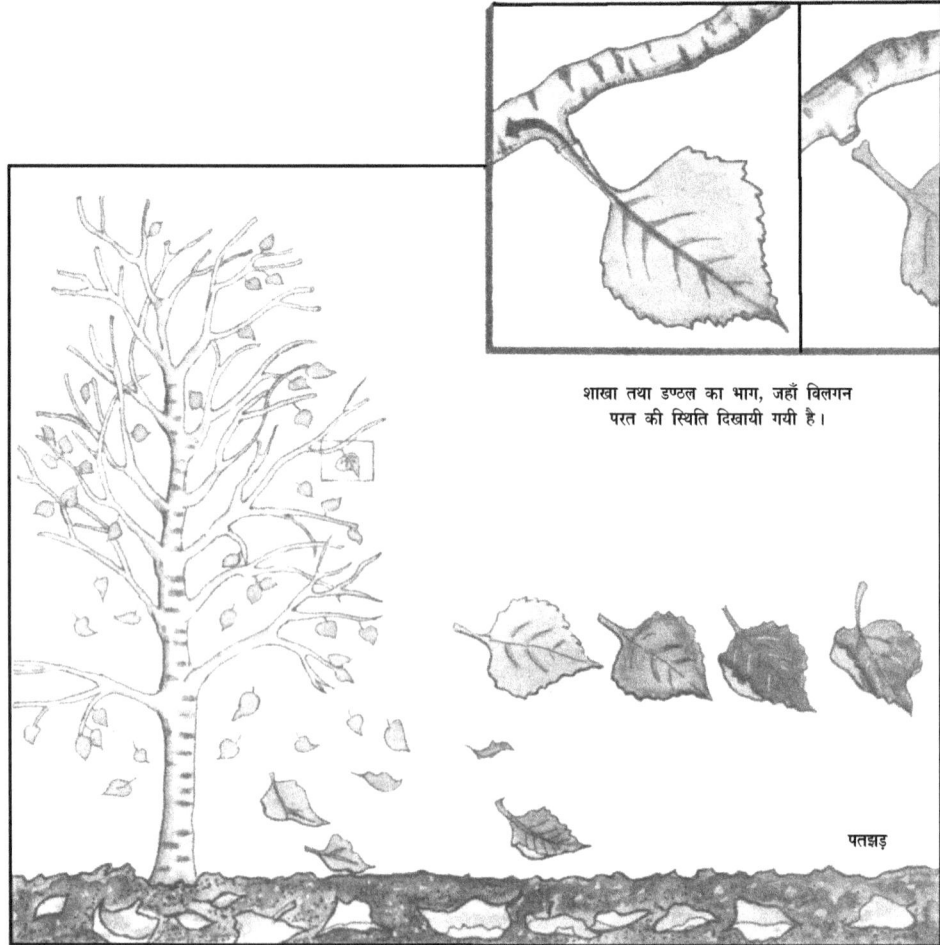

शाखा तथा डण्ठल का भाग, जहाँ विलगन परत की स्थिति दिखायी गयी है।

पतझड़

फूल की संरचना तथा कार्य (Structure and Function of Flower)

सभी ऐंजियोस्पर्मो में लैंगिक प्रजनन की क्रिया फूलों द्वारा होती है, जिसके फलस्वरूप बीज बनते हैं और बीजों से नये पौधों का जन्म होता है। फूल में एक पुष्प-वृन्त (Pedicle) होता है, जो उसे तने से जोड़े रखता है। पुष्प-वृन्त का ऊपरी सिरा कुछ फूला होता है, जिसे 'पुष्पासन' (Thalamus) कहते हैं। इसी पर फूल के विभिन्न भाग लगे रहते हैं। एक सामान्य फूल में चार प्रकार के पुष्प-पत्र विभिन्न चक्रों में लगे होते हैं। ये हैं :

1. **बाह्य दलपुंज** (Calyx) : यह फूल का सबसे बाहरी चक्र है। इसमें पुष्पासन की बाहरी परिधि पर हरे बाह्य दल (Sepals) होते हैं। ये कली की स्थिति में पुष्प की रक्षा करते हैं।
2. **दलपुंज** (Corolla) : दलपुंज के ऊपर सुन्दर रंगबिरंगे दल (Petals) होते हैं, जिनके समूह को 'दलपुंज' कहते हैं। फूल में दलों की संख्या या तो बाह्य दलों के बराबर होती है या इनके गुणन में होती है। ये कीटों को आकर्षित करके पराग-निषेचन कराते हैं।
3. **पुमंग** (Androecium) : दलों से घिरे हुए फूल के तीसरे चक्र में पुंकेसर (Stamen) होते हैं। 'पुंकेसर' फूल का नर जननांग है। इस समूह को 'पुमंग' कहते हैं। प्रत्येक पुंकेसर के दो भाग होते हैं–पुंतन्तु (Filament) तथा परागकोष (Anther)। परागकोष के अन्दर परागकण (Pollen grains) बनते हैं, जिनसे जनन कोशिकाएँ पुमणु (Sperms) बनाती हैं।
4. **जायांग** (Gynoecium) : यह फूल का मादा जननांग है। इसके तीन भाग होते हैं–अण्डाशय (Ovary), वर्तिका (Style) तथा वर्तिकाग्र (Stigma)। वर्तिकाग्र पर निषेचन (Fertilization) से पहले परागकण

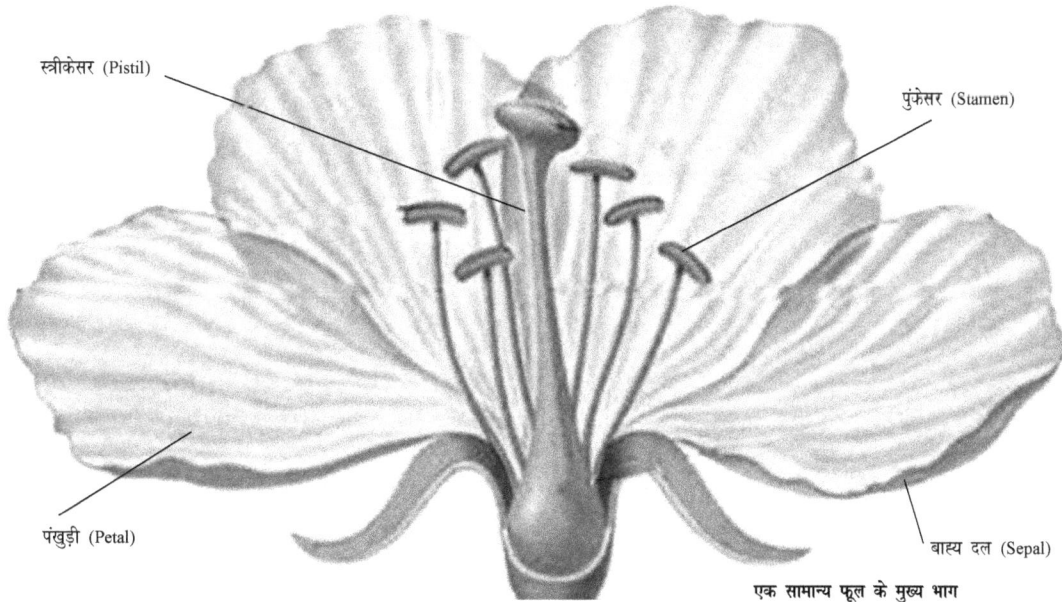

एक सामान्य फूल के मुख्य भाग

आकर गिरते हैं या कीटों द्वारा इन पर छोड़ दिये जाते हैं। निषेचन के बाद अण्डाशय में फल और बीज बनते हैं।

परागण (Pollination) : परागकणों के परागकोष से वर्तिकाग्र तक पहुँचने की क्रिया 'परागण' कहलाती है। परागण दो प्रकार का होता है–स्व-परागण (Self Pollination) तथा पर-परागण (Cross Pollination)।

स्व-परागण में एक ही फूल के पुंकेसरों के उसी फूल के वर्तिकाग्रों पर परागकणों का स्थानान्तरण होता है या एक ही पौधे के एक फूल से दूसरे फूल के परागणों का स्थानान्तरण होता है।

एक पौधे के फूल के पुंकेसरों से दूसरे पौधे के फूल के वर्तिकाग्रों पर परागणों का स्थानान्तरण पर-परागण कहलाता है। परागण को सम्पन्न करने वाले मुख्य साधन कीट, पक्षी, हवा, पानी और जानवर हैं।

निषेचन (Fertilization) : परागण के बाद वर्तिकाग्र पर परागकण जमा हो जाते हैं। इन परागकणों का अंकुरण (Germination) होता है और पराग नलिका (Pollen tube) बनती है। पराग नलिका नर युग्मकों (Male gametes) को भ्रूणपोष (Endosperm) में स्थित मादा युग्मक (Female gamete) तक पहुँचाती है, जहाँ इनका संयोजन (Fusion) होता है। नर तथा मादा युग्मक

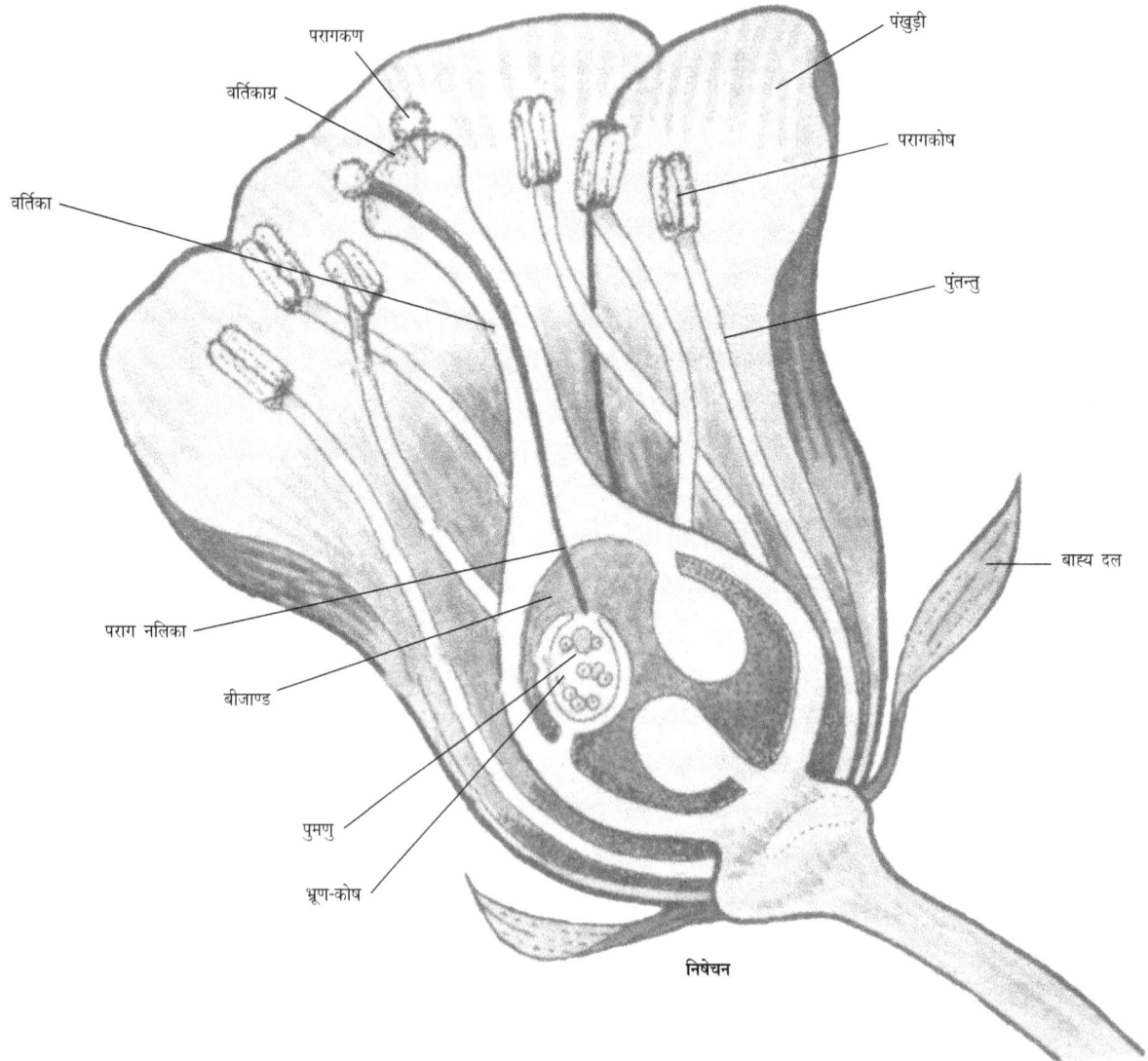

निषेचन

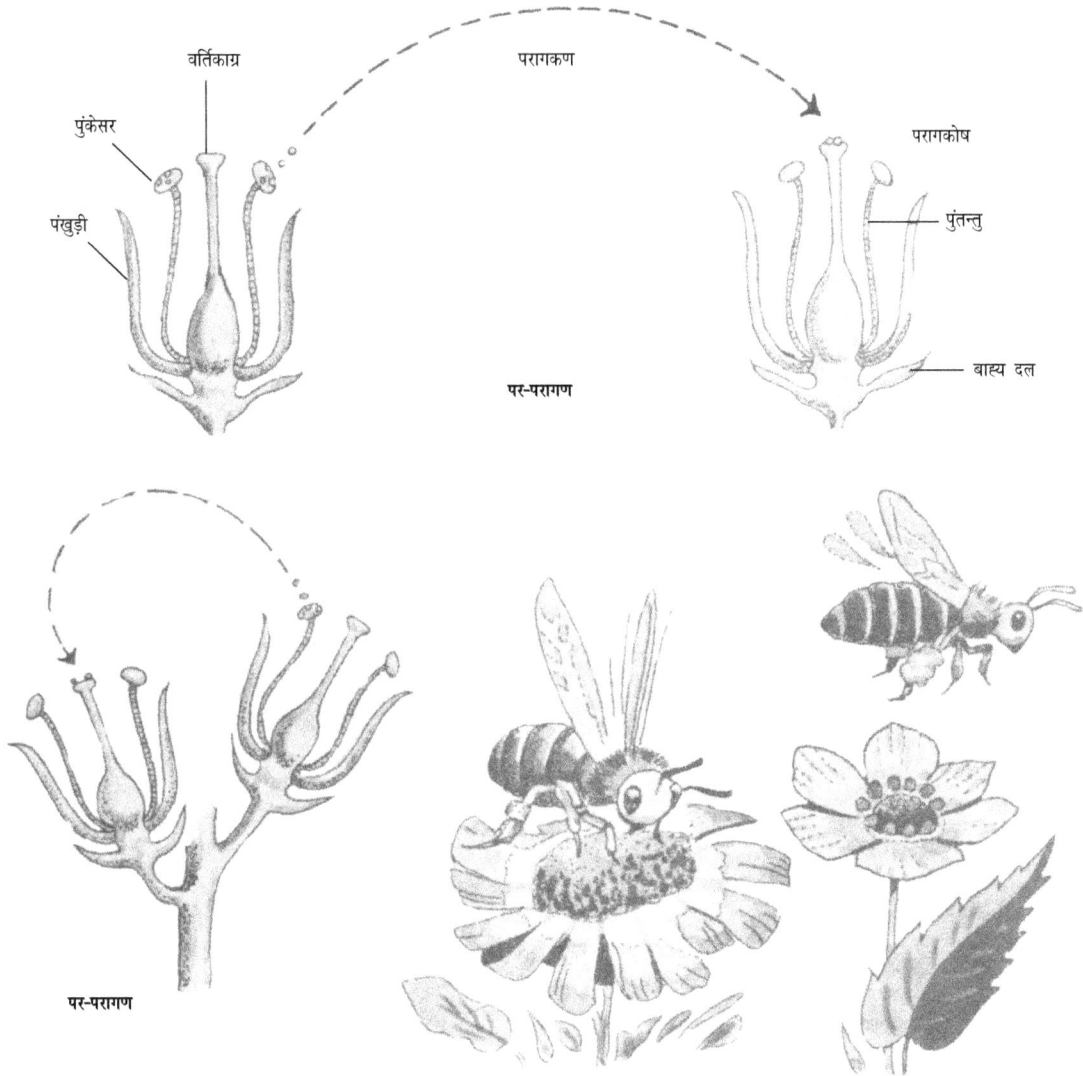

पुंकेसर
वर्तिकाग्र
परागकण
परागकोष
पंखुड़ी
पुंतन्तु
बाह्य दल

पर-परागण

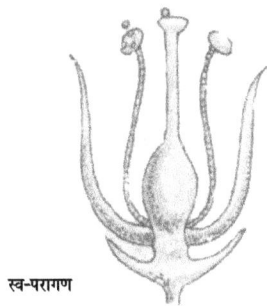

पर-परागण

स्व-परागण

के संयोजन की इस क्रिया को 'निषेचन' कहते हैं। निषेचन के बाद बीजाण्ड (Ovule) बीज में परिवर्तित हो जाता है। बीज बनने की क्रिया में युग्मनज (Zygote) तथा भ्रूणपोष कोशा ही प्रमुख रूप से भाग लेते हैं, जिनसे भ्रूण तथा भ्रूणपोष दोनों का विकास होता है। इस प्रकार फूलों से निषेचन द्वारा फल और बीज बनते हैं।

✿✿✿

55

कीटभक्षी पौधे (Insectivorosu Plants)

कीटभक्षी पौधों के बारे में लोगों का अन्धविश्वास है कि दुनिया में ऐसे पेड़-पौधे मौजूद हैं जो बड़े-बड़े जानवरों को, जिनमें मनुष्य भी शामिल हैं, फँसा सकते हैं और उनके शरीर को पचा सकते हैं। लेकिन वैज्ञानिकों को आज तक भी कोई ऐसा पौधा नहीं मिल सका है। ज्ञात कीटभक्षी पौधे केवल छोटे कीटों, क्रिस्टेशियनों और अन्य जल-प्राणियों को ही फँसाते हैं।

कीटभक्षी पौधे आम तौर पर दलदली भूमि पर उगते हैं। जहाँ भूमि में नाइट्रोजन के यौगिकों की कमी होती है। मिट्टी से नाइट्रोजन न मिल पाने के कारण ये पौधे प्रोटीन का निर्माण नहीं कर पाते। इसलिए ये कीटभक्षी पौधे कीटों या अन्य छोटे प्राणियों को फँसाकर और उनका पाचन करके अपनी प्रोटीन की आवश्यकताओं की पूर्ति करते हैं। ये पौधे प्रकाश-संश्लेषण की क्रिया द्वारा भी भोजन बनाते हैं। कीटभक्षी पौधों की लगभग 400 जातियों में से कुछ का संक्षिप्त वर्णन निम्न प्रकार है:

घटपर्णी या तुम्बिलता (Pitcher plant)

इस पौधे की पत्तियाँ नलिकाकार या सुराहीनुमा होती हैं और उसमें

घटपर्णी

एक मीठा रस (एंजाइम) भरा रहता है। जब कीड़े सुराहीनुमा पत्तियों के रंगों व उनकी खुशबू द्वारा आकर्षित होते हैं, तो वे पत्ती के कड़े और नीचे की ओर झुके हुए रोमों के ऊपर रेंगते हुए उसके अन्दर आ जाते हैं। लेकिन जब वे बाहर निकलने की कोशिश करते हैं तो असफल रहते हैं और अन्त में थककर पाचक द्रव में गिर पड़ते हैं तथा उसमें डूब जाते हैं। इसके बाद पर्ण-कोशिकाएँ कीटों के कोमल अंगों का पाचन करके नाइट्रोजन की जरूरत पूरी कर लेती हैं। इस जाति के पौधों में सरासीनिया (Sarracenia) की पत्तियों की लम्बाई सबसे ज्यादा लगभग एक मीटर होती है।

ड्रोसेरा (Drosera) या सनड्यू (Sundew)

'सनड्यू' पौधे कीटभक्षी पौधों का एक दूसरा समूह है। ये 8 से 20 सेमी. लम्बे शाकीय पौधे हैं। इन पौधों में वृत्तीय तथा चपटे पर्णफलक (Lamina) होते हैं और अनेक ग्रन्थिल रोम पाये जाते हैं, जो पत्तियों की ऊपरी सतहों से ऊर्ध्वाधर तथा तिर्यक रूप में ऊपर की ओर बढ़ते हैं। एक पत्ती में, इन स्पर्शकों (Tentacles) की संख्या लगभग 150 से 200 तक होती है। इनसे एक चिपचिपा पदार्थ निकलता रहता है, जो कि ओस की तरह चमकता है। इनकी गन्ध से आकर्षित होकर कीड़े जब फलक पर बैठते हैं, तो चिपक जाते हैं और पास

के स्पर्शक मुड़कर कीड़े के शरीर को चारों तरफ से घेर लेते हैं। इस चिपचिपे द्रव में मौजूद एंजाइम कीड़े से नाइट्रोजनयुक्त पदार्थों का पाचन कर लेते हैं। कुछ समय बाद स्पर्शक फिर सीधे हो जाते हैं और कीड़े का बचा हुआ भाग नीचे गिर जाता है।

वीनस-फ्लाइट्रैप (Venus' fly trap)

इन पौधों में आम तौर पर पर्णफलक (Lamina) और उपान्त (Lobes) होते हैं। उपान्तों में 12 से लेकर 20 तक कड़े दाँत पाये जाते हैं, जिनकी लम्बाई लगभग आधा इंच होती है। फलक की ऊपरी सतह पर बहुत-से पतले-पतले बाल उगे रहते हैं, जो सम्पर्क के प्रति संवेदनशील होते हैं। यदि कोई कीट पत्ती के इन संवेदनशील रोमों को छूता है, तो तुरन्त पत्ती के दोनों आधे भाग साथ-साथ इस प्रकार मुड़ने लगते हैं, जैसे कि पुस्तक बन्द की जाती है। इस क्रिया में कीट जकड़ लिया जाता है और पत्ती की ऊपरी सतह की ग्रन्थियाँ फँसे हुए कीट के शरीर का पाचन कर लेती हैं। कीट के कोमल अंगों का पाचन करने के बाद पत्ती फिर खुल जाती है। इस शिकार में पत्ती के अर्ध भागों को बन्द होने में प्रायः एक सेकण्ड का समय लगता है।

✪✪✪

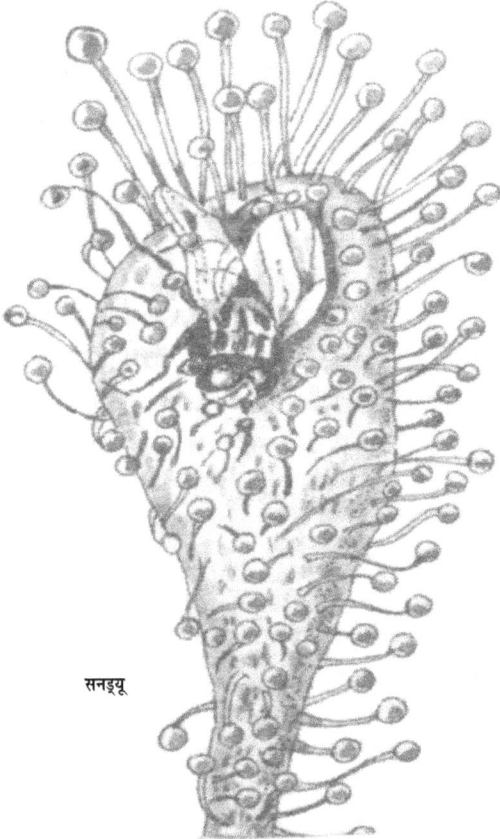

सनड्यू

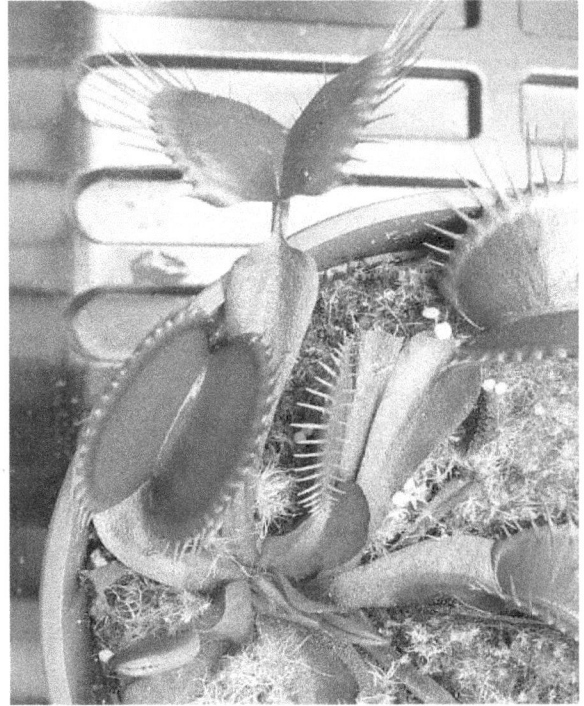

वीनस-फ्लाइट्रैप

सबसे ऊँचे पेड़ -पौधे (Tallest Plants)

विशाल वृक्ष
'जनरल शरमैन'

बाँस

सैगुआरो कैक्टस

कैली घास

वृक्ष फर्न

दीर्घ वरुणघास

चीड़ (Pine), स्प्रूस (Spruce), फर (Fir), देवदार (Cedars), जुनिपर (Juniper), साइप्रेस (Cypresses) आदि प्रसिद्ध वृक्ष कोनिफेरेलीज के अन्तर्गत आते हैं। इन वृक्षों पर शंकु (Cone) पैदा होते हैं, जो एकलिंगी होते हैं, ये नर और मादा शंकु एक ही वृक्ष पर भी बन सकते हैं तथा दो अलग-अलग वृक्षों पर भी। सभी कोनिफर वृक्षों की पत्तियाँ सरल होती हैं और वृक्षों पर पूरे वर्ष लगी रहती हैं। इसलिए इन वृक्षों को सदाबहार वृक्ष कहते हैं।

पृथ्वी पर पाये जाने वाले विशालकाय वृक्ष इसी वर्ग में हैं। संसार के सबसे ऊँचे वृक्षों की ज्ञात किस्म तटीय रेडवुड (Coast redwood) है। ये वृक्ष अब केवल कैलिफोर्निया तट के निकट पाये जाते हैं। इनकी औसत ऊँचाई 90 मीटर से भी अधिक होती है तथा व्यास 5 मीटर तक होता है। इनकी आयु 4000 वर्ष तक होती है। इस जाति के वृक्ष को सबसे ऊँचा मापा गया उदाहरण 'टालेस्ट ट्री' है, जो कैलिफोर्निया राज्य में है। इसकी खोज सन् 1963 में हुई थी। जब उसकी फुंगी सूखी हुई थी और ऊँचाई 112.10 मीटर थी। सन् 1970 में, इसकी ऊँचाई 111.60 मीटर मापी गयी थी। 'टालेस्ट ट्री' धीरे-धीरे सूख रहा है। दुनिया का जीवित और सही सलामत सबसे विशाल वृक्ष कैलिफोर्निया का 'जनरल शरमैन' (General Sherman) है, जो 85 मीटर ऊँचा है। इसके तने में से आर-पार सड़क निकाली हुयी है।

पुष्पी पादपों (Flowering Plants) में चौड़ी पत्तियों वाला विश्व का सबसे ऊंचा वृक्ष 'यूकोलिप्टस रेग्नैन्स' (Eucalyptus regnans) तस्मानिया में स्थित है। इसकी ऊँचाई 99 मीटर है।

कुछ अन्य पेड़-पौधों की ऊँचाई

कैली घास (Callie Grass) 5.5 मीटर। सैगुआरो कैक्टस (Saguaro Cactus) 16 मीटर। वृक्ष फर्न (Tree Fern) 18 मीटर। बाँस (Bomboo) 37 मीटर। दीर्घकाय वरुणघास (Giant Kelp) 60 मीटर।

❀❀❀

58

परजीवी पौधे (Parasitic Plants)

आम तौर पर पौधे प्रकाश-संश्लेषण द्वारा अपना भोजन स्वयं बनाते हैं, लेकिन कुछ ऐसे भी हैं, जो अपना भोजन सीधे ही किसी अन्य जीवित पौधे के ऊतकों से या मृत या अजीवित कार्बनिक पदार्थ से प्राप्त करते हैं। जिस पौधे से परजीवी पौधे अपना भोजन ग्रहण करते हैं, उसे 'मेजबान' (Host) पौधा कहते हैं।

अमरबेल (Cuscuta) दूसरे पौधों पर जीवित रहती है। पीले, पतले, कमजोर तने वाली अमरबेल अपने मेजबान पौधे के चारों ओर लिपट जाती है। इसकी परजीवी जड़ें (Haustoria) निकलकर पोषक के तने में जाइलम (Xylem) तथा फ्लोएम (Phloem) में प्रवेश कर जाती हैं और वहाँ से भोजन, खनिज लवण तथा पानी ग्रहण करती हैं। अमरबेल जिस पौधे पर लिपट जाती है, उसे धीरे-धीरे नष्ट कर देती है।

रैफलेशिया (Rafflesia) 'मूल परजीवी' पौधों में सबसे अद्भुत है, जो दक्षिण-पूर्व एशिया के जंगलों में पाया जाता है। यह वनस्पति धागे जैसी पतली होती है, लेकिन इसका फूल विश्व में सबसे बड़ा होता है। फूल का व्यास एक मीटर और वजन 7 से 8 किलोग्राम तक होता है। ये साइसस (Cissus) लताओं पर फूलते हैं और इनसे सड़ी लाश जैसी बदबू आती है। ये फूल जहरीले होते हैं। यह फूल 5 से 7 दिन तक खिलता है। इनके अतिरिक्त ब्रूमरेप्स और टूथवर्टस भी जाने-माने परजीवी पौधे हैं। ये सामान्यतः मेजबान पौधों की जड़ों पर हमला करते हैं।

अमरबेल

सबसे बड़ा फूल रैफलेशिया

विभिन्न प्रकार के वन (Different Forests)

वन या जंगल धरती के वे क्षेत्र हैं जहाँ पेड़-पौधों की संख्या बहुत अधिक होती है। यहाँ घास कम होती है लेकिन जीव-जन्तुओं की संख्या काफी अधिक होती है। आम तौर पर वन तीन प्रकार के होते हैं :

उष्णकटिबन्धी वर्षा प्रचुर वन (Tropical Rainforests)

ऐसे वन नमी वाले गरम उष्णकटिबन्धीय क्षेत्रों में पाये जाते हैं। ऐसे अधिकांश वन भूमध्यरेखा के आसपास के क्षेत्रों में पाये जाते हैं। यहाँ पूरे साल गरमी रहती है और भारी वर्षा होती है। इनमें आम तौर पर चौड़ी पत्ती वाले सदाबहार पेड़ होते हैं। इन्हीं वनों में दुनिया के सबसे अधिक जीवोम (Biomes) यानी पेड़-पौधे और जीव-जन्तु पाये जाते हैं। अमेजन जंगल में ही वृक्षों की 2,500 किस्में पायी जाती हैं। ऐसे वन दक्षिणी मैक्सिको, मध्य अमरीका तथा दक्षिणी अमरीका की अमेजन तथा ओरिंको नदियों की द्रोणियों में बहुत अधिक हैं। विश्व के वर्षा वाले वनों में आधे से ज्यादा ब्राजील, जाइरे तथा इण्डोनेशिया में हैं। ये अफ्रीका तथा एशिया के कुछ भागों तथा दक्षिणी पेसिफिक के कुछ द्वीपों में भी पाये जाते हैं। इन जंगलों में उष्णकटिबन्धी हिरन, बन्दर, सांप और विशाल छिपकली आदि प्राणी पाये जाते हैं। इनके अतिरिक्त चील, तोते, टमिंगबर्ड, मैकाड आदि पक्षी पाये जाते हैं। दक्षिण अमरीका महाद्वीप के एक तिहाई हिस्से में इन वनों की भरमार है।

उष्णकटिबन्धी वर्षा प्रचुर वन

पर्णपाती वन (Temperate Forests)

ये वन वर्षा वाले वनों की अपेक्षा ठण्डे और शुष्क क्षेत्रों में होते हैं। इन क्षेत्रों में वर्षा कम होती है। इन वनों में साल में एक बार ठण्डे एवं शुष्क मौसम में पतझड़ होता है। इन वनों में मुख्यतः ओक, बीच, चेस्टनट, ऐल्म, मेपिल तथा टुलिप आदि वृक्ष होते हैं। ग्रे फॉक्स, वर्जिनिया हिरन, गिलहरी, रेकून, भालू आदि प्राणी इन वनों में भारी संख्या में पाये जाते हैं। यहां घास खाने वाले पक्षी काफी मिलते हैं।

उत्तरी पश्चिमी अमरीका के अधिकांश भाग में इसी प्रकार के वन हैं। मध्य तथा उत्तरी यूरोप, अफ्रीका के कुछ भाग, दक्षिणी अमरीका आदि में भी पर्णपाती वन हैं।

शंकुधारी वन (Coniferous Forests)

जिन क्षेत्रों में सर्दी का मौसम लम्बा होता है और ठण्ड अधिक पड़ती है, वहाँ शंकुधारी वन पाये जाते हैं। इन वनों में अधिकतर सदाबहार जिम्नोस्पर्मी (Gymnospermae) वृक्ष होते हैं—जैसे चीड़, स्प्रूज, फर, हेमलौक आदि।

संयुक्त राज्य अमरीका में शंकुधारी वन पर्वतों, मध्य तथा उत्तरी कैलिफोर्निया तथा पेसिफिक उत्तर-पश्चिम क्षेत्रों में पाये जाते हैं। इन पश्चिमी शंकुधारी वनों में चीड़ की जातियाँ, डोग्लॉस फर, रेडवुड, पश्चिमी हेमलौक आदि वृक्ष मिलते हैं। मूज, हिरन, पहाड़ी भेड़, पहाड़ी भालू, पहाड़ी बकरी आदि प्राणी भी इन वनों में पाये जाते हैं। इन वनों में उल्लू, गिलहरी, खरगोश आदि पाये जाते हैं।

मिनेसोटा, मिशिगन, विस्कोंसिन तथा न्यू इंगलैंड में भी इस प्रकार के वन हैं। यूरोप तथा एशिया के कुछ भागों तथा दक्षिणी पेसिफिक के कुछ द्वीपों में भी शंकुधारी वन हैं।

✿✿✿

शंकुधारी वन

पर्णपाती वन

61

विषैले पौधे (Poisonous Plants)

कुछ पौधों के फूल और फल देखने में तो बहुत सुन्दर और आकर्षक होते हैं, परन्तु ये विषैले होते हैं। कुछ प्रसिद्ध विषैले पौधे निम्नलिखित हैं :

एशियाई देशों में पाया जाने वाला 'नक्स वोमिका' (Nux Vomica) नामक पौधा बहुत विषैला होता है। इसके फल सन्तरे के आकार में होते हैं, जिनमें पाँच बीज होते हैं। इन बीजों से स्ट्राइचनाइन (Strychnine) विष तैयार किया जाता है। इस जहर से श्वासक्रिया रुक जाती है, जिससे आदमी की मृत्यु हो जाती है।

हेमलौक (Hemlock) पौधे पर सफेद फूल खिलते हैं और उनसे दुर्गंध आती है। इसके बीजों और जड़ों से एक विष प्राप्त होता है, जिसे 'केनीन' (Caniine) कहते हैं। इस जहर के प्रभाव से शरीर के सभी अंगों में पक्षाघात (Paralysis) होने लगता है और कुछ ही समय में आदमी की मृत्यु हो जाती है। यूनान के महान दार्शनिक सुकरात को हेमलौक विष का प्याला पीने के लिए दिया गया था। जहर के असर से धीरे-धीरे उनका शरीर ठण्डा होता गया और बिना कष्ट के उनकी मृत्यु हो गयी।

मीडो सैफरन (Meadow Saffron) के पौधे के बीजों से एक विष तैयार किया जाता है, जिसे 'कोलचीसाइन' (Colchicine) कहते हैं। इस विष से गठिया का इलाज किया जाता है, क्योंकि इसका प्रभाव धीरे-धीरे होता है।

इन पौधों के अतिरिक्त फॉक्सग्लोव (Foxglove); मोंकशूड (Monkshood); पॉपी (Poppy); चेरी लौरल (Cherry Laurel); थोर्न एपल (Thorn Apple); केपर स्पर्ज (Caper spurge); लैबर्नम (Laburnum); हेनबैन (Henbane); होली (Holly); हनीसक्ल (Honeysuckle); बकथोर्न (Buckthorn); टोडस्टूल (Toadstools); बिटर-स्वीट (Bitter-sweet) आदि भी प्रसिद्ध विषैले पौधे हैं। मशरूम की कुछ किस्में भी जहरीली होती हैं। अधिकांश मशरूम भोजन के रूप में प्रयोग किये जाते हैं। सुभाक्स वर्ग के कुछ पौधे विषैले होते हैं, जिनके सम्पर्क में आने से त्वचा पर फफोले पड़ जाते हैं। आइवी (Ivy) पौधे से एलर्जी हो जाती है। इनमें से कुछ पौधों से औषधियाँ बनायी जाती हैं।

❋❋❋

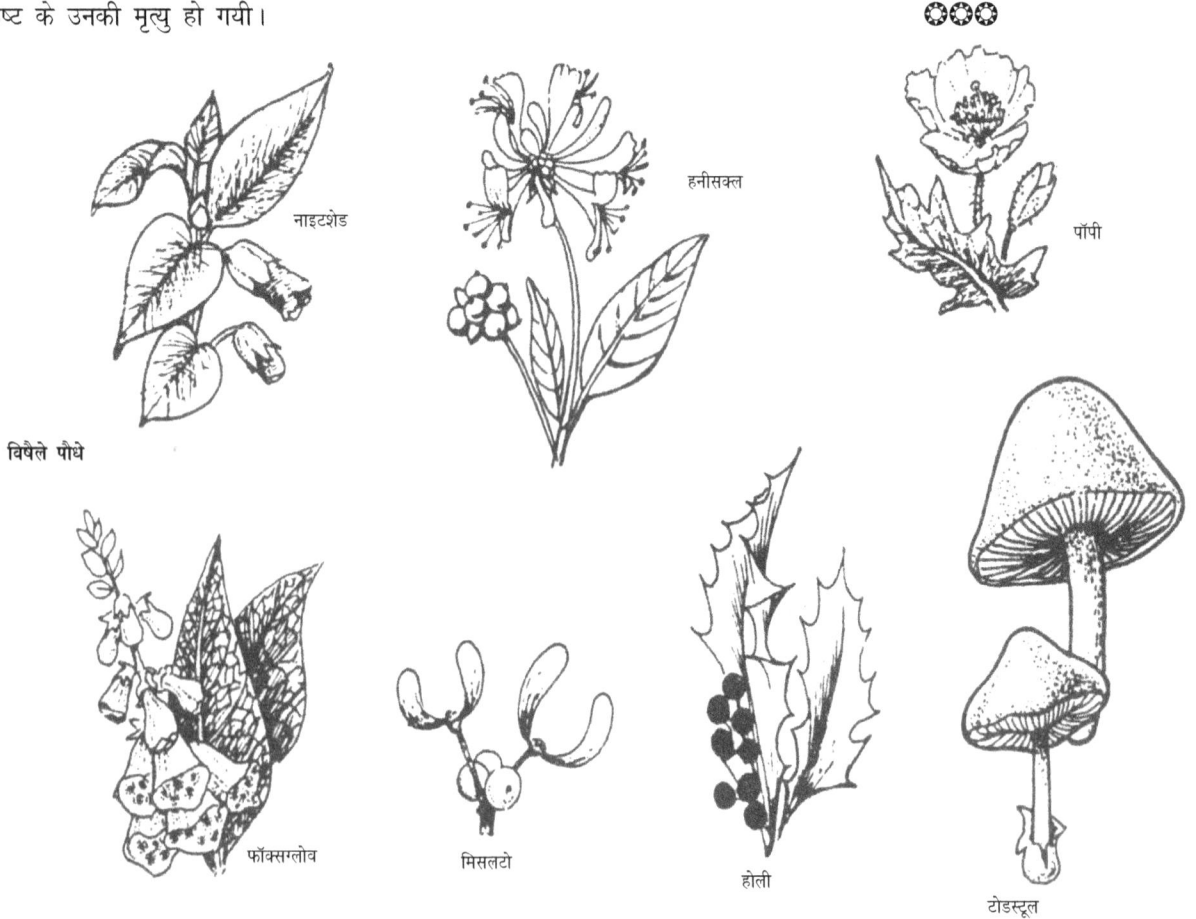

नाइटशेड

हनीसक्ल

पॉपी

विषैले पौधे

फॉक्सग्लोव

मिसलटो

होली

टोडस्टूल

पौधों से लाभ (Uses of Plants)

मनुष्य अपने विकास के आदिमकाल में पेड़-पौधों पर केवल भोजन के लिए ही निर्भर था, लेकिन जैस-जैसे वह विकसित होता गया, पेड़-पौधों पर आवास-सामग्री, कपड़े, ऊर्जा तथा अस्त्र-शस्त्रों के लिए भी निर्भर होता गया। आज की मानव-संस्कृति में हमें पौधों से निम्नलिखित पदार्थ प्राप्त होते हैं, ये सब इकोनॉमिक वनस्पतिशास्त्र के अन्तर्गत आते हैं।

खाद्य-पदार्थ (Food Materials)

समुद्र तट के निवासी शैवालों (Algae) का इस्तेमाल भोजन के रूप में करते हैं। सारगेमस (Sargassum) तथा बट्रकोस्पर्मम (Batracho-spermum) शैवाल इनमें प्रमुख हैं। इनके अतिरिक्त एक अन्य शैवाल क्लोरेला (Chlorella) से भोजन के लिए प्रोटीन और पीने के लिए पानी तथा साँस लेने के लिए ऑक्सीजन भी मिलती है। इस शैवाल का इस्तेमाल अन्तरिक्षयात्री अन्तरिक्ष में करते हैं।

भोजन के रूप में कवकों (Fungi) की कुछ जातियों का उपयोग भारत, फ्रांस, अमरीका आदि देशों में किया जाता है।

पुष्पी-पादपों (Phanerogams) से हमें गेहूँ, चावल, चना, मटर, ज्वार, बाजरा, दालें, सब्जियाँ, फल आदि प्राप्त होते हैं। चावल खाने में विश्वभर में प्रयोग किया जाता है। गेहूँ से रोटी, केक, बिस्कुट ब्रेड आदि बनाये जाते हैं। इसके अतिरिक्त गन्ने, चुकन्दर, मेपल, ताड़ तथा खजूर के रस से चीनी बनायी जाती है। चीनी का उत्पादन भारत में ऊंचे पैमाने पर होता है। अंगूर के रस से ग्लूकोज प्राप्त होता है। हमारे काम आने वाले प्रमुख वसा तेल (Fatty Oils) भी पौधों के बीजों से मिलते हैं–जैसे सरसों, मूँगफली, नारियल, सोयाबीन, तिल, कपास तथा अरण्डी का तेल आदि।

उड़नशील तेलों (Volatile Oils) का उपयोग इत्रों के रूप में किया जाता है। गुलाब, चन्दन, चम्पा, लैवेण्डर, केवड़ा, रोज़मेरी आदि सुगन्धित तेल फूलों से निकाले जाते हैं और इत्र तथा परफ्यूम बनाने में काम आते हैं।

मसाले (Condiments)

विभिन्न मसाले पौधों के भिन्न-भिन्न भागों से प्राप्त किये जाते हैं। भारत (दक्षिणी द्वीप समूह), श्रीलंका, जावा, अफ्रीका और मेडागास्कर मसालों के लिए विश्वभर में प्रसिद्ध हैं। इनसे भोजन स्वादिष्ट बनता है। अदरक, हल्दी, दालचीनी, तेजपात, लौंग, केशर, धनिया, सौंफ, जीरा, लाल मिर्च, काली मिर्च, अजवायन, इलायची, सरसों, मेथी, राई और खटाई आदि प्रमुख मसाले पौधों से ही प्राप्त होते हैं।

चाय

कॉफी

रूई

काली मिर्च

पेय पदार्थ (Beverages)

अनेक पेय पदार्थ पौधों से ही प्राप्त किये जाते हैं। जैसे चाय के पौधे (Camellia Sinensis) की पत्तियों से चाय (Tea) प्राप्त होती है। चाय की पत्तियों में कैफीन (Caffeine) नामक एल्कोलॉइड 2 से 5 प्रतिशत की मात्रा में पाया जाता है। यह पदार्थ हृदय को उत्तेजित करके स्फूर्ति प्रदान करता है। चाय में टेनिन (Tannin) नामक पदार्थ 10 से 20 प्रतिशत होता है। यह पदार्थ चाय में तीखापन पैदा करता है। चाय का रंग उसमें मौजूद रेजिन (Resin) के कारण होता है। भारत, बांग्ला देश, श्रीलंका, चीन, जापान, इण्डोनेशिया आदि इसके प्रमुख उत्पादक देश हैं। दुनिया के लगभग आधे लोग प्रतिदिन चाय पीते हैं।

कॉफीया ऐरेबिका (Coffea Arabica) नामक पौधे के बीजों से कॉफी पाउडर बनाया जाता है। इसके हरे बीजों में 11 प्रतिशत प्रोटीन और 8 प्रतिशत ग्लूकोज होता है। कॉफी में नायसिन (Niacin) विटामिन काफी मात्रा में होता है। इसलिए इसके पीने वालों को पेलाग्रा (Pellagra) का रोग नहीं होता है। कॉफी का सबसे अधिक उत्पादन ब्राजील में होता है। इसके अतिरिक्त कोलम्बिया, अमरीका, अफ्रीका, भारत और एशिया के कई देशों में भी इसका उत्पादन किया जाता है।

कोको (Cocoa) थियोब्रोमा काकाओ (Theobroma Cacao) वृक्ष के बीजों से प्राप्त किया जाता है। एक फल में 40 से 60 बीज होते हैं। इसके बीजों को सुखाकर तथा भूनकर कोको का पॉउडर तैयार किया जाता है। कोको के बीजों में 'कोको बटर' (Cocoa butter) 50 से 57 प्रतिशत तक मौजूद होता है। कैफीन और थियोब्रोमा (Theobroma) आदि एल्कोलॉइड भी कोको में पाये जाते हैं।

विश्व के महत्त्वपूर्ण पेयों में केवल कोको में ही पोषक तत्त्व होते हैं। इसका इस्तेमाल चॉकलेट में भी किया जाता है। भारत, श्रीलंका, केन्या, घाना, ब्राजील, मैक्सिको आदि देश इसके प्रमुख उत्पादक हैं।

ग्लूकोज के किण्वन (Fermentation) या एल्कोहलिक लिकर (Liquor) के आसवन (Distillation) से विभिन्न एल्कोहलिक पेय पदार्थ तैयार किए जाते हैं–जैसे बीयर, ब्राण्डी, रम, ह्विस्की आदि।

रेशे (Fibers)

विभिन्न प्रकार के पौधों के रेशों से कपड़ा, रस्सी या धागा बनाया जाता है। कपास (Cotton) के पौधे से रुई के रेशे प्राप्त किये जाते हैं। इन रेशों से धागा बनाकर कपड़ा बनाया जाता है। जूट (Jute) के तने से जूट के रेशे मिलते हैं। अलसी (Flax) के पौधे के तने से फ्लेक्स रेशा निकाला जाता है। हैम्प के पौधे के तने से सन (Sunn) के रेशे प्राप्त होते हैं। नारियल के पेड़ों के फलों से जूट (Coir) प्राप्त की जाती है। पेड़ों के रेशों से कागज बनाया जाता है।

कोको

औषधियाँ (Medicines)

कुछ पेड़-पौधों से प्राप्त औषधियाँ आधुनिक चिकित्सा-विज्ञान में आज भी महत्त्वपूर्ण हैं। पैनीसिलियम (Panicillium) कवक से पैनिसिलीन (Penicillin) निकाली जाती है। क्लेवीसेप्स (Claviceps) कवक से इर्गट दवा प्राप्त होती है। सिनकोना पौधे की छाल से कुनीन (Quinine) बनायी जाती है। इफैड्रा (Ephedra Gerardiana) के तने से इफैड्रिन (Ephedrine) प्राप्त होती है। बैलाडोना (Atropa Belladona) की पत्तियों तथा जड़ों से एट्रोपिन (Atropine) दवा तैयार की जाती है। कोका (Erythroxylum Coca) पौधे की पत्तियों से कोकेन (Cocaine) निकाली जाती है। अफीम (Papaver Somniferum) से मॉरफीन (Morphine) बनायी जाती है। कुचला (Strychnosnux-vomica) के फलों से स्ट्राइचन (Strychnine) दवा प्राप्त की जाती है। भारत में औषधि उत्पन्न करने वाले पौधों की लगभग 4,000 जातियाँ हैं। हल्दी, अदरक, लहसुन, प्याज से दवाएँ बनायी जाती हैं।

रंग (Dyes)

कुछ पौधों से हमें रंग भी प्राप्त होते हैं। पादप ऊतकों से इण्डिगो या नील प्राप्त होता है। एक अमरीकी वृक्ष से काला रंग हिमोटोक्जिलॉन (Haemotoxylon) निकाला जाता है। पीले तथा भूरे रंग का फस्टिक (Fastic) रंग भी एक अमरीकी पादप से प्राप्त होता है। केसर तथा क्लोरोफिल का रंग भोजन तथा दवाओं में इस्तेमाल किया जाता है। टेसुओं से पीला सन्तरे के सदृश रंग बनाया जाता है।

रबर (Rubber)

हैविया ब्रोसिलिएसिंस (Havea Brasiliansis) पौधों से 'लैटेक्स' नामक दूधिया तरल प्राप्त होता है। लैटेक्स में एक कार्बनिक पदार्थ होता है, जो हवा के सम्पर्क में आने पर सख्त हो जाता है तथा वह एक लचीला ठोस पदार्थ बन जाता है। इसे हम 'रबर' कहते हैं।

रबर के वृक्ष

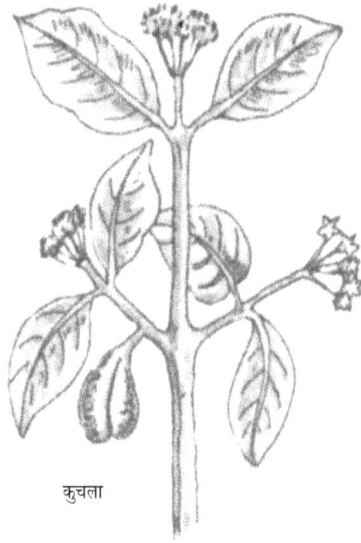

कुचला

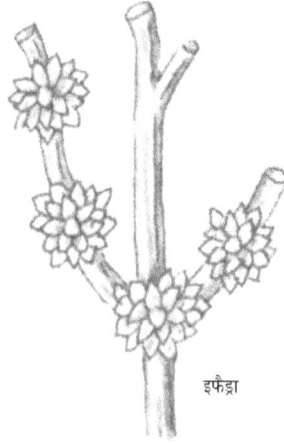

इफ़ेड्रा

अफीम

कोका

सिनकोना

स्माइलेक्स

कुछ औषधीय पोधे

रेजिन (Resins) तथा गोंद (Gums)

पेड़-पौधों से हमें रेजिन और गोंद प्राप्त होते हैं। खाने का हींग भी एक किस्म का रेजिन है। रेजिन पेण्ट व वारनिश बनाने के काम आते हैं। इनका इस्तेमाल अनेक दवाइयों में भी किया जाता है। तारपीन और स्प्रिट भी पौधों से प्राप्त होते हैं।

गोंद सेलुलोज की बनी कोशाभित्ति के नष्ट होने के कारण बनते हैं। ये पानी में घुलनशील होते हैं। गोंद चिपकाने के काम आते हैं तथा दवाइयों में भी इनका इस्तेमाल होता है।

अन्य उपयोग

पेड़ों की लकड़ी को ईंधन के रूप में प्रयोग किया जाता है। इसे भवन-निर्माण में भी प्रयोग किया जाता है। लकड़ी से कागज का निर्माण होता है। इससे मिथाइल एल्कोहल बनाया जाता है। भाँति-भाँति के बोर्ड भी लकड़ी के बुरादे से बनाये जाते हैं। अनेक प्रकार के अम्ल ऐसीटोन, पिच, टार, तेल, श्रृंगार प्रसाधन, बालसम आदि सभी पदार्थ पेड़-पौधों से ही प्राप्त होते हैं। कोयला भी पेड़-पौधों की ही देन है। लकड़ी का कच्चा कोयला भी भट्टियों में काम आता है। कोयले से पेण्ट और अनेक रसायन बनाये जाते हैं।

✿✿✿

03 जन्तु-जगत (Animal Kingdom)

LION
Felis leo

GIRAFFE

GREEN MONKEY
Cercopithecus aethiops sabaeus.

जन्तु-जगत (Animal Kingdom)

जन्तु-जगत में अब तक 12,00,000 से भी अधिक जन्तुओं की खोज हो चुकी है तथा इनका नामकरण व वर्गीकरण विभिन्न वैज्ञानिकों द्वारा किया जा चुका है, लेकिन अभी अनेक जन्तु ऐसे हैं, जिनका नामकरण और वर्गीकरण करना शेष है।

समस्त जन्तु-जगत को उनकी समानताओं और असमानताओं के आधार पर अलग-अलग समूहों में बाँटा गया है। जन्तुओं की इस विभाजन प्रणाली को वर्गीकरण (Classification) कहते हैं। वर्गीकरण करते समय प्रत्येक जन्तु का नाम दो शब्दों में लिखा जाता है। नाम का पहला शब्द उस जन्तु का वंश (Genus) तथा दूसरा उसकी जाति (Species) का सूचक होता है। कई वंश जो आपस में समानता रखते हैं, 'गण' (Order) कहलाते हैं। कई गण मिलकर 'वर्ग' (Class) तथा समान वर्ग आपस में मिलकर 'समुदाय' (Phylum) बनाते हैं।

सभी जन्तुओं को मुख्यतः दो समूहों में बाँटा गया है: अकशेरुकी (Invertebrates) तथा कशेरुकी (Vertebrates। अकशेरुकी के अन्तर्गत वे जन्तु आते हैं, जिनमें रीढ़ की हड्डी (Backbones) नहीं होती, जैसे—अमीबा (Amoeba), मूँगे (Corals), कृमि (Worm), घोंघे (Snails), कीट-पतंगे (Insects) और तारा मछली (Starfish। कशेरुकी जन्तुओं में रीढ़ की हड्डी (Backbone) होती है। मछलियाँ (Fishes), उभयचर (Amphibians), सरीसृप, (Reptiles), पक्षी (Birds) तथा स्तनपायी (Mammals) इसी समूह के अन्तर्गत आते हैं।

अकेशरुकी जन्तुओं के उदाहरण सहित कुछ मुख्य समूह :

- प्रोटोजोआंस (Protozoans) : अमीबा (Ameeba)।
- पोरीफेरांस (Poriferans) : स्पंज (Sponge)।
- सीलनट्रेट्स (Coelenterates) : जेलीफिश (Jellyfish), मूँगा (Coral), समुद्री एनिमोन (Sea Anemone)।
- प्लेटीहेल्मिन्थ्स (Platyhelminths) : चपटे कृमि (Flatworm), लीवरफ्लूक (Liverfluke), फीताकृमि (Tapeworm)।
- निमैटोड्स (Nematodes), गोल कृमि (Roundwarm)।
- ऐनीलिड्स (Annelids), केंचुआ (Earthwarm), जोंक (Leech)।

अकशेरुकी जन्तुओं के मुख्य समूह

कशेरुकी जन्तुओं के पाँच मुख्य समूह

- मोलस्क (Molluscs) : घोंघा (Snail), स्लग (Slug), बड़ी सीपी (Clam), लिमपेट (Limpet), ऑक्टोपस (Octopus)।
- काइलोपोड्स (Chilopods) : सेण्टीपेड (Centipede)।
- डिप्लोपोड्स (Diplopods) : मिलीपेड (Millipede।
- क्रस्टेशियंस (Crustaceans) : झींगा मछली (Prawn), केकड़ा (Crab), वुड लाउस (Wood Louse)।
- इंसेक्ट्स (Insects) : तितली (Butterfly), बर्र (Wasp), चींटी (Ant), जूँ (Louse), बीटल (Beetle)।
- अरेकनाइड्स (Arachnids) : मकड़ी (Spider), बिच्छू (Scorpion), माइट (Mite)।
- इकाइनोडर्मस (Echinoderms) : तारा मछली (Starfish), समुद्री खीरा (Sea Cucumber), समुद्री अर्चिन (Sea Urchin)।
- यूरोकोर्डेट्स (Urochordates) : सी स्क्वर्ट (Sea Squirt)।

कशेरुकी जन्तुओं के उदाहरण सहित पाँच मुख्य समूह :

- मछलियाँ (Fishes) : शार्क (Shark), ट्रोट (Trout), ईल (Eel), समुद्री घोड़ा (Seahorse)।
- उभयचर (Amphibians) : मेढक (Frog); टोड (Toad), सैलामेण डर (Salamander)।
- सरीसृप (Reptiles) : छिपकली (Lizard), साँप (Snake), टुआटेरा (Tuatara), मगरमच्छ (Crocodile)।
- पक्षी (Birds) : कौवा (Crow), शुतुरमुर्ग (Ostrich), तोता (Parrot)।
- स्तनपायी (Mammals) : मनुष्य, कुत्ता, चमगादड़, ह्वेल, कंगारू, प्लेटिपस (Platypus)।

50 से 100 लाख सजीव जातियों में 75 प्रतिशत जन्तु, 18 प्रतिशत पौधे और 7 प्रतिशत सरल जीव (Simple Organisms) हैं। इनमें से जिनका हमें ज्ञान है, उनमें जन्तु 12,00,000 से अधिक, पौधे लगभग 3,00,000 तथा अन्य 1,00,000 से अधिक हैं। शेष के विषय में अभी ज्ञान प्राप्त करना बाकी है। प्रस्तुत पुस्तक में कुछ अकशेरुकी और कशेरुकी जीवों के विषय में जानकारी दी गयी है।

ज्ञात जीव-जन्तुओं की जातियाँ (Species)

• कीट-पतंगे (Insects)	:	9,50,000
• अन्य अकशेरुकी (Invertebrates)	:	2, 27,000
• कशेरुकी (Vertebrates)	:	45,000

कशेरुकी जीवों की ज्ञात संख्या

• मछलियाँ (Fishes)	:	23,000
• उभयचर (Amphibians)	:	3,000
• सरीसृप (Reptiles)	:	7,000
• पक्षी (Birds)	:	8,600
• स्तनपायी (Mammals)	:	4,200

कशेरुकी प्राणियों के कुछ विशेष गुण

मछलियाँ

जन्तु वैज्ञानिक नाम 'पाइसिज' (Pisces) जल में निवास, ठण्डे रक्त वाले प्राणी गिल्स द्वारा श्वसन क्रिया।

उभयचर

जल तथा भूमि दोनों में निवास, ठण्डे रक्त वाले, नथुनों से श्वसन क्रिया।

सरीसृप

रेंगने वाले जन्तु, भूमि और जल में निवास, ठण्डे रक्त वाले।

पक्षी

उड़ने वाले, मुख्य रूप से वृक्षों पर निवास, गरम रक्त वाले।

स्तनपायी

जमीन पर रहने वाले, गरम रक्त वाले, छोटे बच्चों को दूध पिलाने वाले। सामान्यतः सभी बच्चे पैदा करते हैं।

प्रोटोजोआ और मेटाजोआ (Protozoa and Metazoa)

अकशेरुकी जीवों में दो समूह होते हैं : प्रोटोजोआ और मेटाजोआ।

प्रोटोजोआ जीवों का शरीर सामान्यतः एक कोशिकीय (Unicelluar) होता है। इसलिए इनको सूक्ष्मदर्शी की सहायता से या कुछ को नंगी आँखों से देखा जा सकता है। इन प्राणियों की समस्त जीवन क्रियाएँ इनके एक कोशिकीय शरीर में ही होती हैं। इनमें कुछ प्राणी परजीवी या मृतोपजीवी भी होते हैं। परजीवी प्रोटोजोआ मनुष्य में अनेक प्रकार के रोग फैलाते हैं, जैसे—मलेरिया, निद्रालु रोग (Sleeping Sickness) तथा पेचिश। इस समूह के जीव आम तौर पर तालाब, नहर, झरना, गीली मिट्टी, दलदलों तथा समुद्र के पानी में पाये जाते हैं। अमीबा, यूग्लिना, पैरामीशियम आदि इसी समूह के जीव हैं। प्रोटोजोआ की कम से कम 15-20 हजार जातियाँ हैं। इनके शरीर का आकार 0.0002 मि.मी. से 16 मि.मी. तक होता है।

अमीबा (Ameeba) : ये जीव तालाबों, नहरों, नदियों, कीचड़ या सड़ी-गली पत्तियों आदि में पाये जाते हैं। इनके शरीर का कोई निश्चित आकार नहीं होता। अमीबा का शरीर मुख्यतः जीवद्रव्य (Protoplasm) का बना होता है, जिसमें एक नाभिक होता है। इसके शरीर के चारों ओर एक महीन झिल्ली होती है, जो प्लाज्मालेमा (Plasmalemma) कहलाती है। इसके द्वारा गैसों का आदान-प्रदान होता है। इनके शरीर की सतह से एक या अधिक कूटपाद (Pseudopodia) निकलते हैं, जो क्रमशः बनते-बिगड़ते रहते हैं। ये गति करने और आहार को पकड़ने में मदद करते हैं। इनका शरीर लगभग 250 से 600— (micron) होता है। इनमें अलैंगिक (Asexual) तथा लैंगिक प्रजनन होता है।

मेटाजोआ में बहुकोशिकीय (Multicellular) जीव आते हैं। इनकी शरीर रचना प्रोटोजोआ जीवों से अधिक जटिल होती है। इस श्रेणी के जीवों में बहुत अधिक विभिन्नताएँ होती हैं, इसलिए इनको कई समुदायों में बाँटा गया है, जैसे—पोरीफेरा, सीलनट्रेटा, प्लैटीहेल्मिन्थीज़, निमैटोहेल्मिन्थीज़, ऐनीलिड/आर्थोपोडा, मोलस्का तथा इकाइनोडर्मेटा।

❂❂❂

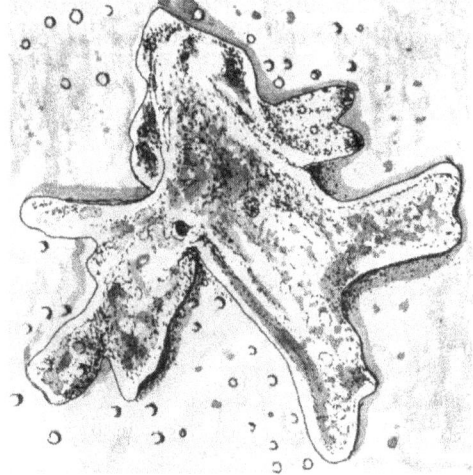

अमीबा

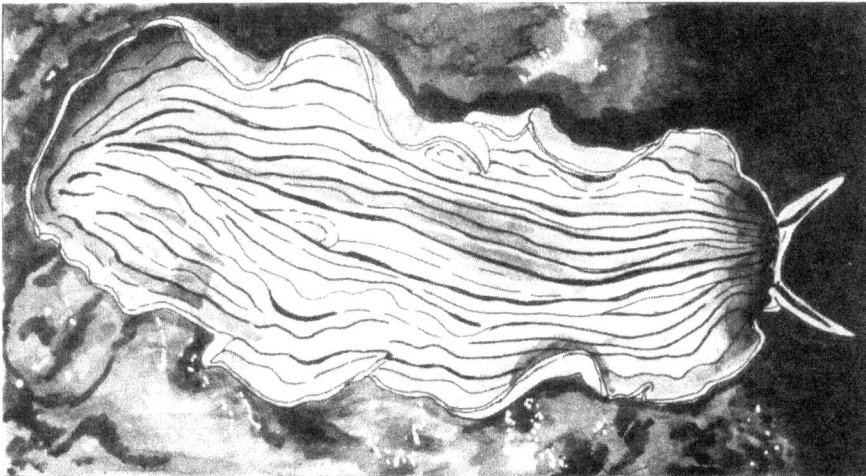

समुद्री फ्लैटवर्म

71

मोलस्का (Mollusca)

समुदाय मोलस्का जन्तुओं का एक अत्यन्त विशाल परिवार है। अरिस्टॉटल ने 'मोलस्क' शब्द दिया था। इसमें लगभग 1,12,000 जातियाँ पायी जाती हैं। इन जन्तुओं का शरीर बहुत कोमल होता है। इनमें शरीर के तीन भाग होते हैं–सिर, पाद (Foot) तथा पिण्डक। सिर और पाद को छोड़कर इन जन्तुओं का सम्पूर्ण शरीर एक आवरण से घिरा होता है, जिसे मैण्टल (Mantle) कहते हैं। मैण्टल के चारों ओर कैल्शियम कार्बोनेट का कठोर खोल (Shell) होता है। यह खोल जन्तु के कोमल शरीर को सुरक्षित रखता है। गति के लिए इनमें पेशीय पाद (Muscular Foot) होते हैं। इनका रक्त आम तौर पर रंगहीन होता है, लेकिन कुछ जन्तुओं के रक्त का रंग लाल, नीला या हरा होता है, इनमें श्वसन क्रिया गिल्स (Gills) या वायुकोषों (Air Sac) द्वारा होती है। पाचन तन्त्र पूर्ण विकसित होता है तथा उत्सर्जन भी गुर्दों (Kidneys) द्वारा होता है। ये जन्तु आम तौर पर एकलिंगी होते हैं।

मोलस्क जीव नदी, नहर, झील व समुद्र में पाये जाते हैं। इस समुदाय को छः वर्गों में बाँटा गया है : सेफैलोपोडा वर्ग में स्क्विड, ऑक्टोपस, कटलफिश आदि आते हैं। एम्फीन्यूरा वर्ग में सीपी, क्लैम आदि आते हैं। गैस्ट्रोपोडा वर्ग में स्नेल, स्लग आदि आते हैं। स्काफोपोडा में दाँतीले कवच हैं। पोलीप्लाकोफोरा वर्ग में चिटन जैसे जन्तु आते हैं। मोनोटला सोफोश जैसे निओपिलिना।

घोंघा (Snail)

घोंघा और स्लग (Sluge) की लगभग 35,000 जातियाँ हैं। ये मोलस्का समुदाय के वर्ग गैस्ट्रोपोड्स (Gastropods) के अन्तर्गत आते हैं।

घोंघे का शरीर कुण्डलाकार होता है, जो कठोर कवच (Shell) से ढका रहता है। इसके शरीर के तीन भाग होते हैं–सिर, पाद (Foot) तथा पिण्ड। सिर पर आँखें तथा दो जोड़े स्पर्शक (Tentactls) होते हैं। श्वसनक्रिया गिल्स तथा वायुकोषों द्वारा होती है। गति के लिए एक चपटा पाद होता है।

नम स्थानों, मीठे पानी, गड्ढों तथा तालाबों आदि में पाया जाने वाला यह शाकाहारी जन्तु जलीय पौधों पर अपना जीवन निर्वाह करता है।

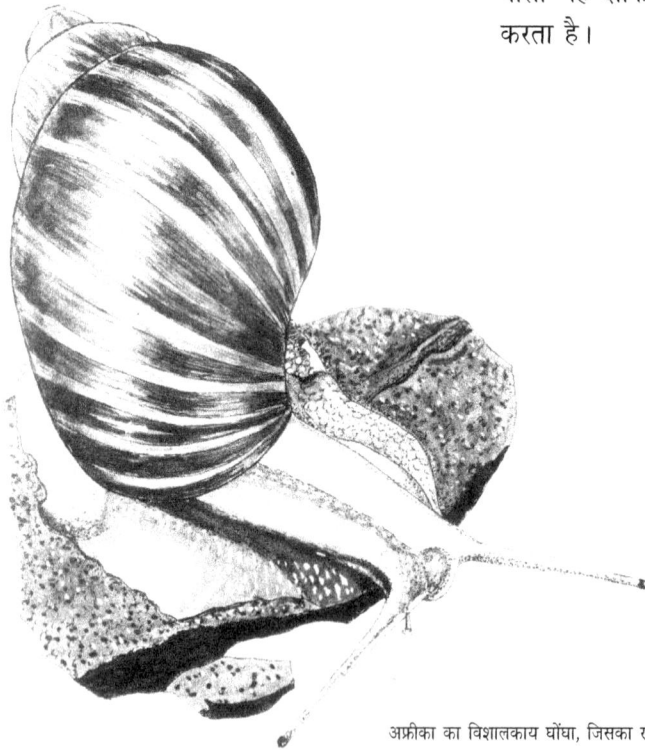

अफ्रीका का विशालकाय घोंघा, जिसका खोल 20 से.मी. का होता है।

ऑक्टोपस (Octopus)

ऑक्टोपस समुद्र में काफी गहराई पर पाया जाता है। इसे समुद्री दैत्य भी कहते हैं। यह सेफैलोपोड्स वर्ग के अन्तर्गत आता है। इसकी 150 से अधिक जातियाँ हैं। मोलस्क समुदाय के अन्य जन्तुओं की भाँति इनमें कवच (Shell) नहीं होता। इसके बेडौल थैले जैसे शरीर पर आठ भुजाएँ होती हैं, जो सिरों पर स्प्रिंग की तरह मुड़ी होती हैं। बड़ी जाति के ऑक्टोपस में भुजाओं की लम्बाई पाँच मीटर तक पायी जाती है। भुजाओं पर चूषक (Sucker) होते हैं, जिनकी सहायता से यह शिकार से चिपक जाता है और उसको अपनी ग्रन्थियों के विष से बेजान करके खा लेता है। इसके सिर पर मुख और दो आँखें होती हैं। मुख में तोते की तरह चोंच होती है। इस चोंच से यह अपना शिकार चीरकर खाता है।

ऑक्टोपस और स्क्विड अन्य सभी अकशेरुकी जन्तुओं की अपेक्षा ज्यादा फुर्तीले और चतुर होते हैं। ऑक्टोपस अपनी भुजाओं के सहारे समुद्र में घूमता रहता है। लेकिन जब इसे तेज चलने की जरूरत होती है, तो यह छिद्र द्वारा मैण्टल गुहा (Mantle Cavity) में पानी खींच लेता है और उसे तेज धारा के रूप में बाहर फेंकता है। आत्मरक्षा के लिए यह अपने अन्दर से स्याही जैसे नीले रंग का बादल-सा छोड़ता है, जिसकी वजह से दुश्मन इसे नहीं देख पाता।

स्क्विड (Squid)

सेफैलोपोड्स वर्ग का यह जन्तु भार के आधार पर अकशेरुकी जन्तुओं में सबसे बड़ा होता है। दैत्याकार स्क्विड की लम्बाई पन्द्रह मीटर तक होती है और वजन करीब दो टन। इसके रॉकेट जैसे शरीर पर लाल, पीले, हरे और नीले रंग के धब्बे होते हैं। इसका पैर दस भुजाओं में विभाजित होता है। इनमें दो भुजाएँ ज्यादा लम्बी होती हैं। इनकी लम्बाई 15 मीटर तक होती है। इनके सिरों पर चूषकों का गुच्छा होता है। इन्हीं के द्वारा यह अपने शिकार को पकड़ता है। इसके सिर पर दो बड़ी-बड़ी आँखें होती हैं। आँख का व्यास 38 सेण्टीमीटर (15 इंच) से भी ज्यादा होता है। सभी प्राणियों में स्क्विड की आँखें सबसे बड़ी होती हैं।

ऑक्टोपस की अपेक्षा स्क्विड अधिक फुर्तीला होता है। यह जेट-चालन (Jet Propulsion) सिद्धान्त द्वारा तैरता है। दुश्मन से बचने के लिए यह बाँहों के पीछे स्थित साइफन से गहरी काली स्याही पानी में छोड़ता है, जिसकी वजह से दूर तक पानी काला हो जाता है और दुश्मन को कुछ भी नजर नहीं आता। यह बड़ा विचित्र जन्तु है।

✵✵✵

स्क्विड अकशेरुकी जन्तुओं में सबसे बड़ा होता है।

समुद्री दैत्य : ऑक्टोपस

73

कीट-पतंगे (Insects)

39 करोड़ वर्ष पूर्व पृथ्वी पर कीट पैदा हुए थे। अब तक इनकी दस लाख जीवित जातियों का नामकरण व वर्गीकरण हो चुका है। 40 लाख जातियों का वर्गीकरण करना अभी शेष है। जन्तुओं में इनकी संख्या सबसे अधिक है।

कीट-पतंगे आर्थ्रोपोडा (Arthropoda) समुदाय के अन्तर्गत आते हैं। इन जन्तुओं का शरीर खण्डयुक्त (Segmented) तथा टाँगें जोड़दार (Jointed) होती हैं। शरीर आम तौर पर तीन भागों में बँटा होता है—सिर, (Head), धड़ (Thorax) तथा उदर (Abdomen)। इनके शरीर में आन्तरिक कंकाल नहीं होता, बल्कि शरीर के मृदुल अंग बाह्य कंकाल (Exoskeletons) से ढके होते हैं। इस कंकाल पर जल, हल्के अम्ल और क्षार तथा अल्कोहल का कोई प्रभाव नहीं होता। इन जीवों के नेत्र संयुक्त (Compound) होते हैं, यानी प्रत्येक आँख में लेंसों की संख्या निश्चित नहीं होती। कीटों में वक्ष से लगी तीन जोड़ी टाँगें होती हैं। इन जीवों के दो मुख्य समूह हैं—पंख वाले (Winged) तथा पंखहीन (Wingless)। मच्छर, मक्खियाँ, बर्र, तिलचट्टा, तितली, टिड्डा, चींटी, बीटल, शलभ (Moths) आदि कीट-पतंगों के अन्तर्गत आते हैं। कीट दुनिया में सब जगह पाये जाते हैं। 'कीट' मानव के शत्रु कम हैं, मित्र अधिक।

तितलियाँ और शलभ (Butterflies and Moths)

तितलियाँ और शलभ इंसेक्टा वर्ग के अन्तर्गत आते हैं। अब तक इनकी 1,50,000 जातियों का अध्ययन किया जा चुका है। तितली के शरीर का रंग आकर्षक व चमकीला होता है। शरीर के तीन भाग होते हैं—सिर, वक्ष तथा उदर। उदर में दस खण्ड होते है। दसवें खण्ड के नीचे मादा में जनन छिद्र होता है तथा नर में एक जोड़ा क्लास्पर्स। सिर पर एक जोड़ी शृंगिका होती हैं। मुखभाग में एक जोड़ी मैक्सिला होते हैं, दोनों मिलकर एक चूषक नली (Proboscis)

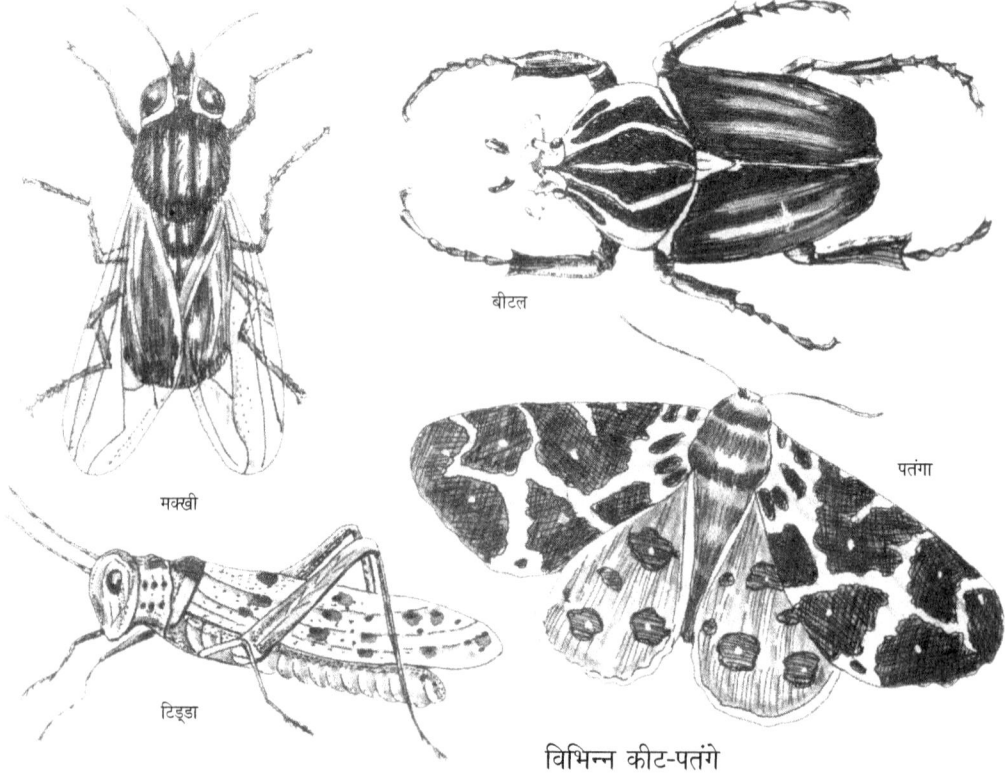

मक्खी

बीटल

टिड्डा

पतंगा

विभिन्न कीट-पतंगे

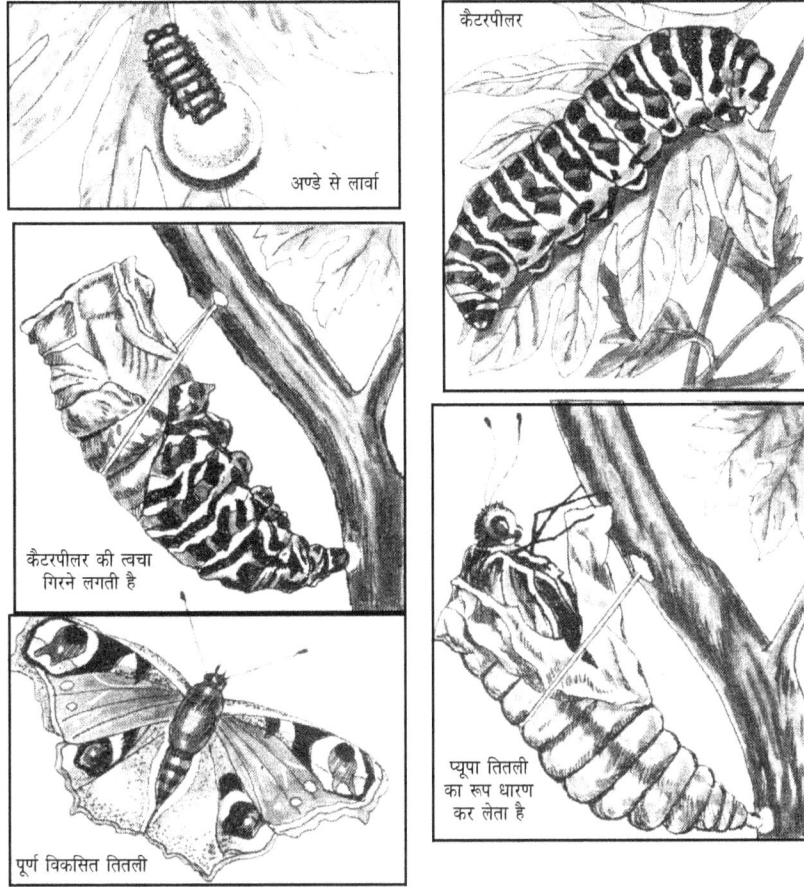

अण्डे से लार्वा	कैटरपीलर
कैटरपीलर की त्वचा गिरने लगती है	प्यूपा तितली का रूप धारण कर लेता है
पूर्ण विकसित तितली	

तितली का जीवन-चक्र

बनाते हैं, जो फूलों का रस चूसने का कार्य करती है। वक्ष भाग के प्रतिपृष्ठ पर रंगीन शल्कों के बने दो जोड़े पंख होते हैं। इसके वक्ष भाग के प्रतिपृष्ठ तल में तीन जोड़ी टाँगें होती हैं।

प्रत्येक माता मैथुन के बाद अण्डे देकर उन्हें छोड़ देती है। अण्डे गोल या अण्डाकार होते हैं। इन अण्डों से लगभग 15 दिन बाद लार्वा (Larvae), जिन्हें कैटरपीलर (Caterpillars) कहते हैं, निकल आते हैं, लेकिन इनमें तितली जैसी कोई बात नजर नहीं आती। ये पत्तियाँ खाते हैं। कुछ दिनों बाद ये सुस्त पड़ जाते हैं और विकास क्रिया में प्यूपा (Pupae) या क्राइसेलिस (Chrysalis) में बदलने लगते हैं। प्यूपा कुछ दिनों में विकसित होकर तितली का रूप धारण कर लेते हैं।

शलभ और तितली में अन्तर होता है। तितलियाँ सामान्यतः दिन में उड़ती हैं, लेकिन अधिकांश शलभ रात में उड़ते हैं। शलभ की शृंगिका में अन्तर होता है और इनके पंख भी छोटे होते हैं। रेशम के कीट (Silk Moth) में भी तितली की तरह ही रूपान्तरण होता है, लेकिन लार्वा के शरीर में रेशम पैदा करने वाली दो लम्बी-लम्बी ग्रन्थियां होती हैं। इन ग्रन्थियों से जो लसदार पदार्थ निकलता है, वह हवा में सूखकर रेशम बन जाते हैं। लार्वा अपने सिर को इस प्रकार घुमाता रहता है कि ग्रन्थियों से निकला हुआ धागा उसके शरीर के चारों ओर लिपटता जाता है। इससे शरीर के चारों तरफ रेशम का एक खोल बन जाता है, जिसे कोया (Cocoon) कहते हैं। चीन रेशम के लिए विश्व भर में प्रसिद्ध है। कुछ दिनों में लार्वा से प्यूपा बन जाता है, जो रेशम के धागों को काटकर बाहर निकल आता है। अब यह उड़ सकता है और शलभ या पतंगा बन जाता है।

✿✿✿

75

क्रस्टेशियंस (Crustaceans)

इस समूह की लगभग 30,000 जातियों का अध्ययन हो चुका है। कीट-पतंगों की भाँति क्रस्टेशियंस भी आर्थ्रोपोड्स हैं। सामान्यतः इस समूह के जन्तुओं में पपड़ीनुमा बाह्य कंकाल और टाँगें जोड़दार (Jointed) होती हैं। इन जन्तुओं का सिर और वक्ष परस्पर मिलकर एक संयुक्त रचना का निर्माण करते हैं, जिसे शिरोवक्ष (Cephalothorax) कहते हैं। संयुक्त नेत्र एक छोटी डण्ठलनुमा (Stalked) संरचना के सिर पर स्थित होते हैं। सिर में दो जोड़ी शृंगिकाएँ (Antennae) होती हैं, जिनके द्वारा स्पर्श-ज्ञान होता है। ये ज्ञानेन्द्रियों का काम करती हैं। इनमें श्वसन क्रिया गिल्स (Gills) द्वारा होती है। ये जन्तु तालाबों, नदियों, झीलों तथा समुद्रों में पाये जाते हैं। इस समूह में सूक्ष्म पारदर्शक जीव, केकड़े (Crabs) तथा लोबस्टर्स (Lobsters), क्रेफिश, श्रिम्प आदि आते हैं।

हर्मिट क्रैब (Hermit Crab)

हर्मिट क्रैब (संन्यासी केकड़ा) एक विचित्र डेकापोड (Decapod) क्रेस्टेशियन है। इसमें कठोर बाह्य कंकाल नहीं होता है, इसलिए यह अपनी सुरक्षा के लिए किसी दूसरे समुद्री जीव के एक खाली खोल (Shell) का इस्तेमाल करता है। यह अपना सम्पूर्ण शरीर खोल के अन्दर कर लेता है, केवल टाँगों के दो जोड़े और पिंसर बाहर रखता है और खतरा होने पर उन्हें भी अन्दर कर लेता है। खोल को अपना स्थायी घर बनाकर हर्मिट क्रैब अपना सारा जीवन उसी में गुजार देता है। यदि इसका शरीर खोल के आकार से अधिक बढ़ जाता है और इसे घुटन महसूस होने लगती है, तो यह अपनी त्वचा को त्याग कर किसी दूसरी खोल को अपना घर बना लेता है। अपने असुरक्षित कोमल शरीर की सुरक्षा के लिए यह घर को साथ लिये फिरता रहता है। एलोनेला (0.25 से.मी.) सबसे छोटा क्रस्टेशियन है।

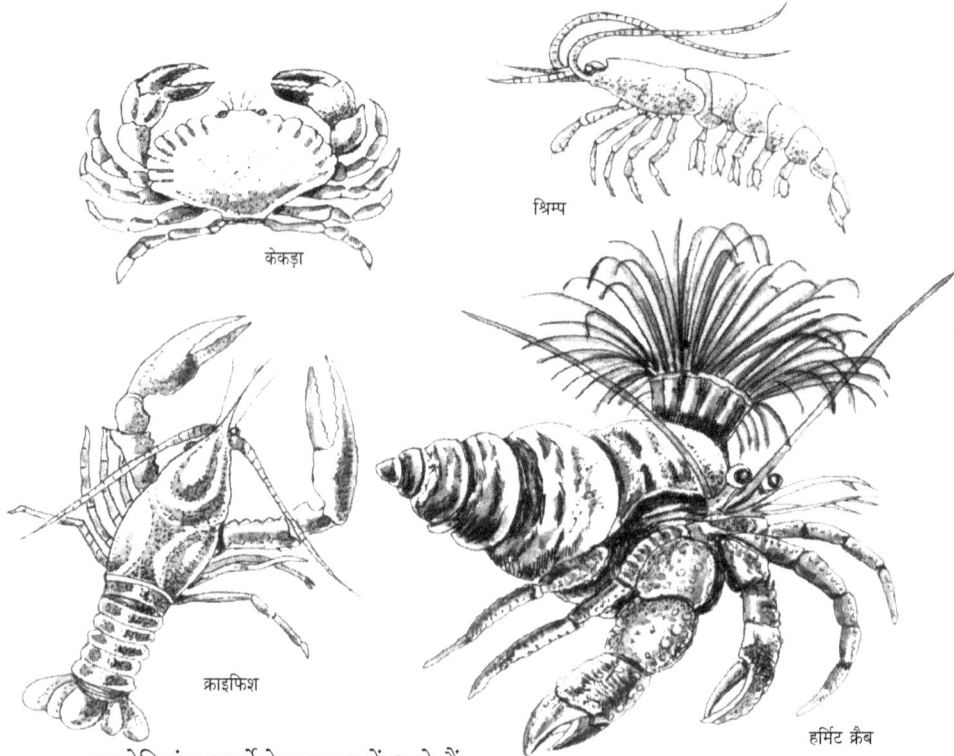

केकड़ा
श्रिम्प
क्राइफिश
हर्मिट क्रैब

क्रस्टेशियंस आर्थोपोडा समूह में आते हैं।

इकाइनोडर्मेटा (Echinodermata)

तारा मछली, समुद्री अर्चिन, सैण्ड डौलर्स, समुद्री खीरा, समुद्री लिवी आदि 'इकाइनोडर्मेटा' के अन्तर्गत आते हैं। इनकी त्वचा में कैल्शियम कार्बोनेट के बने काँटे होते हैं। इस समुदाय में लगभग 6,000 जातियाँ हैं। इन जन्तुओं की रचना ऐसी होती है, जिसमें सिर, पूँछ या टाँगें अलग-अलग दिखायी नहीं देतीं। शरीर की रचना वृत्ताकार होती है, जिससे पहिये की अरों की तरह भुजाएँ और दूसरे अंग निकले रहते हैं। इन जन्तुओं के शरीर में रुधिर बहाव अन्य जन्तुओं से भिन्न होता है। इनके शरीर के अन्दर जलसंवहनी तन्त्र (Water Vascular System) होता है। तन्त्रिका तन्त्र और संवेदांग अविकसित होते हैं। इन जन्तुओं में छोटी-छोटी थैलियाँ होती हैं, जिन्हें नाल पाद (Tube feet) कहते हैं। इनका इस्तेमाल ये आहार ग्रहण करने, चलने, श्वसन एवं उत्सर्जन के लिए करते हैं। ये जन्तु एकलिंगी होते हैं।

समुद्री अर्चिन (Sea Urchins)

इन जन्तुओं के शरीर पर लम्बे-लम्बे काँटे और कठोर प्लेटों का खोल होता है। इनका मुँह शरीर की निचली ओर तथा गुदा उसके विपरीत सिर पर होती है। अर्चिन के जबड़े समुद्री शैवाल को आसानी से चबा लेते हैं। इनमें पुनरुत्पादन (Regeneration) की क्षमता भी होती है। अर्थात् यदि इनके शरीर का कोई भाग कट जाये, तो दोबारा पैदा हो जाता है। इन जन्तुओं में हैट-पिन अर्चिन (Hat-pin Urchin) से लोग दूर ही रहते हैं, क्योंकि इनके 30 से.मी. लम्बे और पतले काँटों में विष भरा होता है। इन काँटों के शरीर में चुभने से भयंकर पीड़ा होती है।

तारा मछली (Star Fish)

तारा मछली की 1,600 ज्ञात जातियाँ हैं। पंचभुजीय तारे की शक्ल के इन जन्तुओं का शरीर कठोर एवं खुरदरा होता है। इन जन्तुओं में सिर नहीं होता। मुख शरीर के निचली तरफ तथा गुदा ऊपरी सतह पर स्थित होती है। ऊपरी सतह पर एक गोल प्लेट 'मैड्रीपोराइट' (Madreporite) होती है, जिसके द्वारा पानी अन्दर प्रवेश करता है। त्वचा पर अस्थिकाएँ (Ossictes) तथा कण्टिकाएँ (Spines) होती हैं। निचली सतह पर प्रत्येक भुजा में एक-एक ग्रूव (Groove) होता है, जिनमें नाल पाद (Tube Feet) होते हैं। इनके द्वारा ये जन्तु गति करते हैं।

तारा मछली में भी पुनरुत्पादन की क्षमता होती है। अर्थात् यदि इसकी एक भुजा कट जाती है, तो जल्दी ही उसी जगह दूसरी भुजा उग आती है। इसकी पुनरुत्पादन की क्षमता सबसे अधिक होती है।

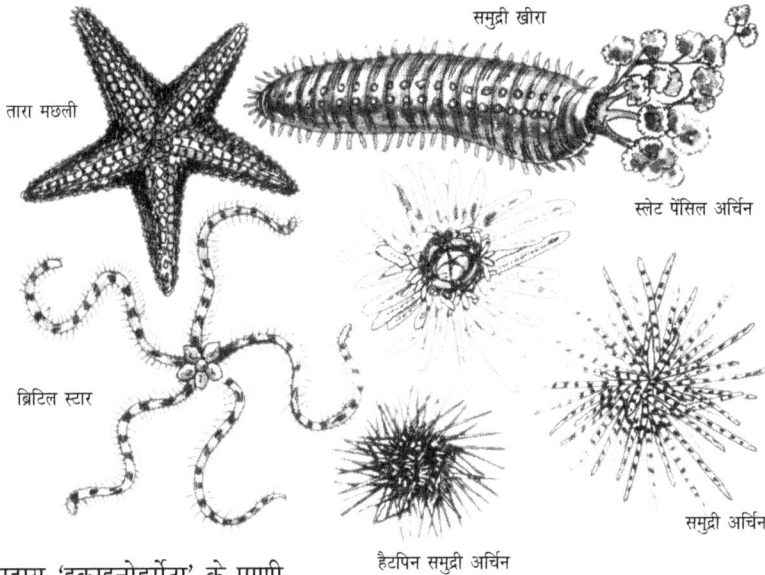

✪✪✪

समुदाय 'इकाइनोडर्मेटा' के प्राणी

मत्स्य (Pisces)

मत्स्य या पिसीज वर्ग के अन्तर्गत सभी प्रकार की मछलियाँ आती हैं। आज इनकी लगभग 20,000 जातियाँ हैं। मछलियाँ कशेरुकी (Vertebrate) जीव हैं, जो लगभग 50 करोड़ वर्ष पूर्व विकसित हुए। इनका शरीर नौकाकार होता है और ये फिन (Fin) द्वारा तैरते हैं। इनमें श्वसन क्रिया गिल्स (Gills) द्वारा होती है। मछलियाँ असमतापी होती हैं यानी उनके रक्त का तापमान वातावरण के तापमान के अनुसार घटता-बढ़ता रहता है। अधिकांश मछली अण्डे देती हैं लेकिन कुछ बच्चे भी पैदा करती हैं। मछलियों को चार वर्गों में बाँटा गया है—अगनाथा या साइक्लोस्टोमी (Cyclostomi), प्लेकोडर्मी (Placodermi), कोण्ड्रीक्थीस (Chond-richthyes) तथा ओस्टिक्थीस (Osteichthyes)। अगनाथा वर्ग की मछलियों का मुँह गोल होता है, जो चूषक (Sucker) का काम करता है। मुँह में जबड़े (Jaws) तथा शरीर पर शल्क (Scales) नहीं होते। इनके सिर पर केवल एक ही नासाछिद्र होता है। पेट्रोमाइजॉन (Petromyzon) इसी वर्ग की मछली है, जो उत्तरी अमेरिका और यूरोप के समुद्रों में पायी जाती है।

प्लेकोडर्मी का अर्थ है- प्लेटस्किन। इनमें जबड़े और पंख के जोड़े होते हैं। इस वर्ग की कुछ मछलियाँ शार्क जैसी होती हैं।

कोण्ड्रीक्थीस वर्ग के अन्तर्गत आने वाली मछलियों में 'अन्तःकंकाल' उपास्थि (Cartilage) का बना होता है। इनके मुख में जबड़े होते हैं तथा शरीर पर विशेष प्रकार के शल्क पाये जाते हैं। बाह्य नासाछिद्र तथा मुख सिर के अधर तल पर स्थित होते हैं। स्कोलियोडान (Scoliodon), आरा मछली तथा तारपीडो (Tarpedo) इसी वर्ग की मछलियाँ हैं।

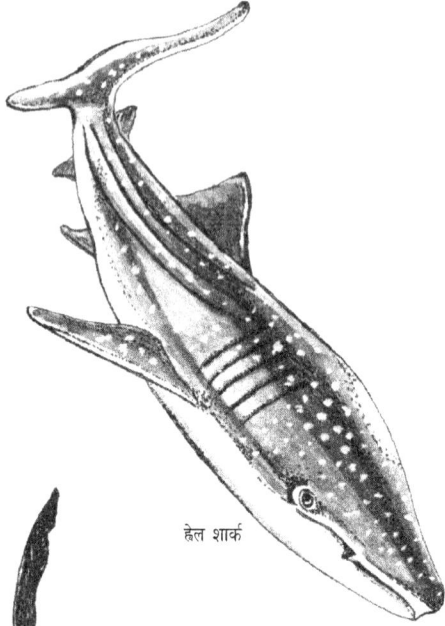

हेल शार्क

हैमरहैड शार्क

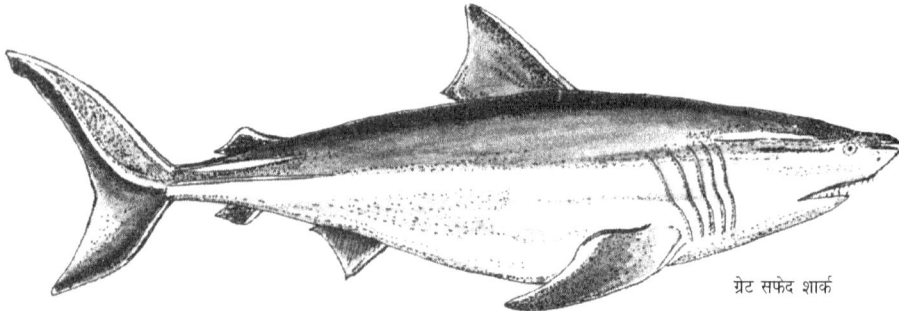

ग्रेट सफेद शार्क

ओस्टिक्थीस वर्ग की मछलियों का अन्तःकंकाल सामान्यतः हड्डियों का बना होता है। मुखद्वार सिर के अगले सिरे पर तथा नासाछिद्र अगले सिरे के पृष्ठ तल पर स्थित होता है। इस वर्ग की मछलियों को दो उपवर्गों में बाँटा गया है। (क) कोएनिक्थीस (Choanicthyes), जिसमें साँस लेने के लिए फेफड़े होते हैं, इसलिए इन्हें फेफड़ा मछली भी (Lung Fish) कहते हैं। इन्हीं मछलियों के द्वारा स्थलीय कशेरुकी का विकास हुआ है। इस किस्म की नियोसिरेटोड्स (Neocereatodus) नामक मछलियाँ आस्ट्रेलिया की नदियों में पायी जाती हैं। (ख) निओप्टरिगी (Neoptrygii) उपवर्ग में विकसित मछलियाँ आती हैं। इनका सम्पूर्ण कंकाल हड्डी का बना होता है। दोनों तरफ के गिलें एक-एक प्लेट द्वारा ढके रहते हैं। रोहू (Labes), दरियाई घोड़ा (Seahorse) तथा सिन्धी (Heteropinuestic) मछलियाँ इसी वर्ग के अन्तर्गत आती हैं।

कुछ मछलियाँ विद्युत पैदा करती हैं जैसे—ईल मछली। कुछ मछलियाँ प्रकाश भी पैदा करती हैं, जैसे—लैण्टर्न फिश।

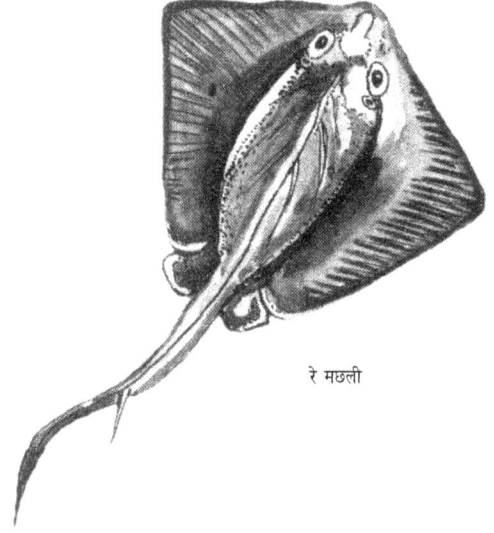

रे मछली

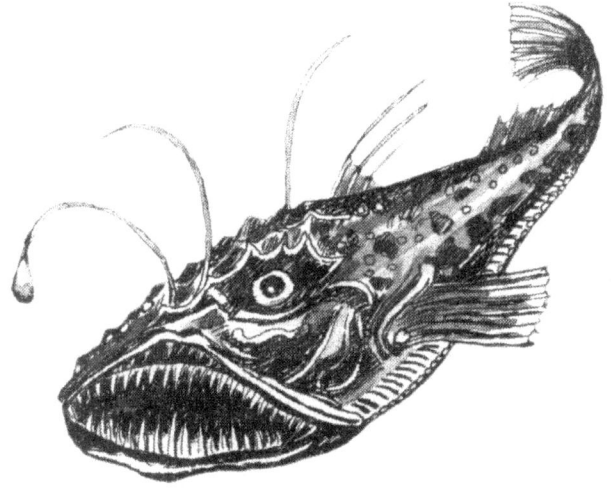

ऐंग्लरफिश

आस्ट्रेलियन लग फिश

उभयचर (Amphibians)

सामान्य मेढक

टोड

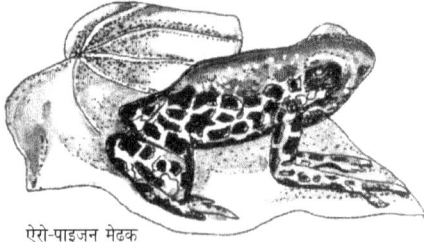

ऐरो-पाइजन मेढक

ग्लाइडिंग मेढक

उभयचर

उभयचर जन्तु-जगत के वे प्राणी हैं, जो जल और थल दोनों पर ही रह सकते हैं। उभयचरों का जन्म लगभग 35 करोड़ वर्ष पूर्व हुआ। इनके शरीर में फेफड़े होते हैं, इसलिए ये थल पर भी जीवित रह सकते हैं। ऐसा माना जाता है कि इनका विकास लॉब-फिण्ड (Lobe-Finned) मछलियों से हुआ। उभयचरों को तीन समूहों में बाँटा गया है—मेढक (Frogs) तथा टोड (Toads), सैलामेण्डर्स (Salamanders) और सैसीलियंस (Caecilians)। इनके शरीर को सिर, धड़ और पूँछ में विभाजित किया जा सकता है।

प्रारम्भिक उभयचरों की लम्बाई एक मीटर से भी अधिक होती थी, लेकिन वर्तमान उभयचर आम तौर पर काफी छोटे होते हैं। केवल चीन के दैत्याकार सैलामेण्डरर्स की लम्बाई 3.5 मीटर तक होती है। अफ्रीका में भी मेढकों की एक दैत्याकार जाति पायी जाती है, जिसकी लम्बाई 34 से.मी. से भी अधिक होती है और वजन 3 कि.ग्रा. से अधिक होता है।

उभयचरों की त्वचा चिकनी, कोमल और नम होती है। सांस लेने की क्रिया गिल्स, त्वचा और फेफड़ों द्वारा होती है। हृदय त्रिकोष्ठीय (Three chambered) होता है। इनके दो गुर्दे होते हैं। जनन छिद्र (Genital aperture) और गुदा (Anus) दोनों अलग-अलग छिद्रों द्वारा एक ही कोष्ठ में खुलते हैं। इनके अण्डों का निषेचन तथा भ्रूण-विकास पानी में ही होता है। उभचर प्राणी असमतापी (Cold Blooded) होते हैं, यानी इनके शरीर का तापमान वातावरण के तापमान के अनुसार घटता-बढ़ता रहता है। असमतापी होने के कारण ये प्राणी अधिक गरमी और ठण्ड में अपने बचाव के लिए जमीन के अन्दर छिप जाते हैं और निष्क्रिय अवस्था में पड़े रहते हैं। इस अवस्था को सुप्तावस्था कहते हैं। इनमें नर और मादा दोनों अलग-अलग होते हैं। ये प्राणी अण्डे देते हैं। मेढकों की जीभ उल्टी होती है। यह जन्तु शिकार पकड़ने के लिए जीभ को बाहर फेंकता है, जिसमें कीड़े-मकोड़े चिपक जाते हैं। यह उन्हें मुख के अन्दर ले जाता है।

सरीसृप (Reptiles)

सांप (Snakes), छिपकली (Lizards), मगरमच्छ (Croc- odiles), कछुए (Tortoises), टरटिल्स (Turtles) सरीसृप या रेप्टीलिया वर्ग के अन्तर्गत आते हैं। इस वर्ग के सभी जन्तु रेंग कर चलते हैं, इसलिए इन्हें रेंगने वाले जन्तु कहते हैं। इनमें अधिकांश जन्तु भूमि पर जीवन गुजारते हैं, लेकिन कुछ जातियाँ पानी में भी पायी जाती हैं। सरीसृप असमतापी होते हैं, यानी इनके शरीर का तापमान वातावरण के तापमान के अनुसार घटता-बढ़ता रहता है। इनकी त्वचा सूखी, खुरदरी तथा नुकीले शल्कों (Horn Scales) से ढकी रहती हैं। इनका ढाँचा अस्थियों से बना होता है। साँस लेने के लिए फेफड़े होते हैं। मादा जमीन पर अण्डे देती है। सरीसृप को तीन गणों में बाँटा गया है—किलोनिया (Chelonia), स्क्वैमेटा (Squamata) तथा क्रोकोडिलिया (Crocodilia)। रेंगने वाले जन्तुओं की लगभग 7,000 जातियाँ हैं। इनका अस्तित्व 50 करोड़ वर्ष पुराना है।

किलोनिया के अन्तर्गत आने वाले जन्तुओं का शरीर हड्डी के कठोर खोल (Shell) में बन्द रहता है। इनके जबड़ों में दाँत नहीं होते। इस गण में विभिन्न प्रकार के कछुए और टरटिल्स आते हैं, जो आम तौर पर पानी या नम स्थानों में पाये जाते हैं। इनके दोनों जबड़ों पर दाँत होते हैं। इनका हृदय चार भागों में बँटा होता है। इनमें लैंगिक प्रजनन होता है।

स्क्वैमेटा गण में विभिन्न प्रकार की छिपकलियाँ शामिल हैं। इस गण को सुविधा के लिए दो उपगणों में बाँटा गया है—लैसरटिलिया (Lacertilia) तथा ओफिडिया (Ophidia)।

वृक्षवासी साँप

दैत्याकार कछुआ

उपगण लैसरटिलिया में विभिन्न प्रकार की छिपकलियाँ शामिल हैं। इनकी टाँगों में पाँच-पाँच उँगलियाँ होती हैं, जिनके सिरों पर पंजे (Claws) होते हैं। उँगलियों में पटलिकाएँ (Lamellae) होती हैं, जिनके द्वारा ये चिकनी सतह पर भी आसानी से चल सकती हैं और दीवारों पर भी चढ़ सकती हैं। आँखों के नीचे गड्ढे होते हैं, जिनमें कर्णपट (Tympanic Membrane) स्थित होता है। आँखों में सचल पलकें होती हैं। ये अपनी पूँछ का त्याग कर सकती हैं। पूँछ के त्याग करने पर नयी पूँछ आ जाती है।

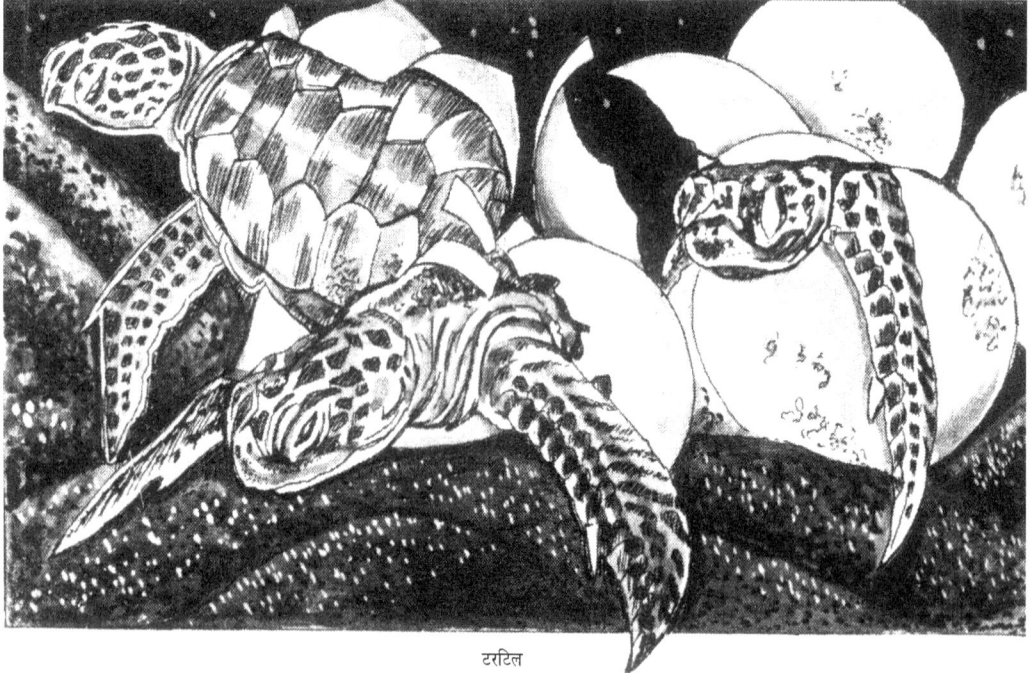
टरटिल

82

उपगण ओफिडिया के अन्तर्गत सभी प्रकार के साँप आते हैं। इनका शरीर लम्बा और बेलनाकार होता है तथा रूखे शल्कों से ढका रहता है। साँपों में टाँगें, अंसमेखला, मूत्राशय तथा कर्णपट नहीं होते। साँस लेने के लिए इनमें केवल एक ही फेफड़ा विकसित होता है। इनकी जीभ लम्बी और आगे की ओर दो भागों में बँटी होती है। जीभ के द्वारा ही साँप स्पर्श तथा गन्ध का पता लगाते हैं। इनकी आँखें भी तीव्र होती हैं। सुनने के लिए साँपों के कान नहीं होते। ये जमीन की कम्पनों का शरीर द्वारा पता लगाते हैं। इरेक्स जोनी दो सिर वाला साँप है। पायथन सबसे बड़ा साँप है।

क्रोकोडियलिया गण में घड़ियाल (Gavialis), मगरमच्छ (Crocodiles) तथा ऐलीगेटर (Alligators) आते हैं। ये जन्तु माँसाहारी होते हैं। इनकी त्वचा मोटी और कठोर शल्कों से ढकी रहती है। शल्कों के नीचे हड्डी की प्लेटें होती है। उँगलियाँ झिल्लीदार होती हैं। नासाछिद्र सिर के नोक पर होती हैं। यद्यपि ये जीव पानी में रहते हैं, किन्तु मादा जमीन में गड्ढे बनाकर अण्डे देती है। ये जन्तु नदियों और झीलों में पाये जाते हैं। आधुनिक सरीसृप में ये सबसे बड़े जन्तु हैं। एस्टुएरिन (Extuarine) जाति के मगरमच्छ की लम्बाई 7.5 मीटर (25 फुट) तक होती है। यह सबसे विशाल और भारी होता है, और इसका वजन 525 कि.ग्रा. तक होता है।

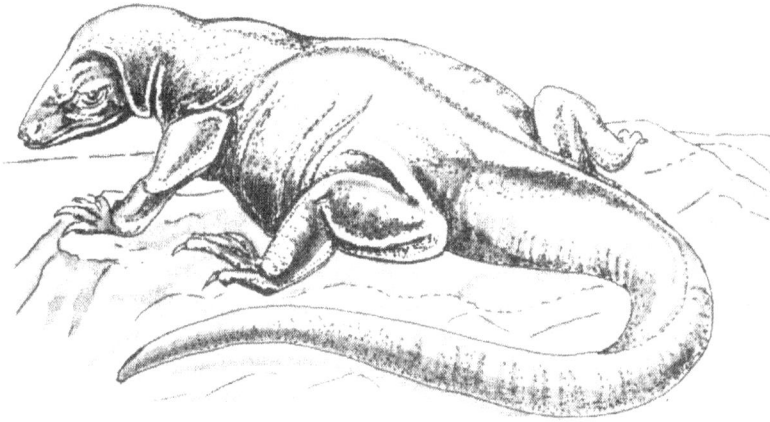

विशालकाय कोमोडो ड्रेगन

मगरमच्छ

पक्षी (Birds)

जीवाश्मी प्रमाणों से पता चलता है कि पक्षियों का उद्‌भव युगों पहले सरीसृपों से हुआ। पक्षी माने जाने वाले प्राणी के सर्वप्रथम उपलब्ध जीवाश्म आर्कियोप्टेरिक्स (Archaeopteryx) के मिलने से तथा आजकल के पक्षियों के कंकाल तथा आधुनिक खोजों से इस विश्वास की पुष्टि होती है।

आर्कियोप्टेरिक्स

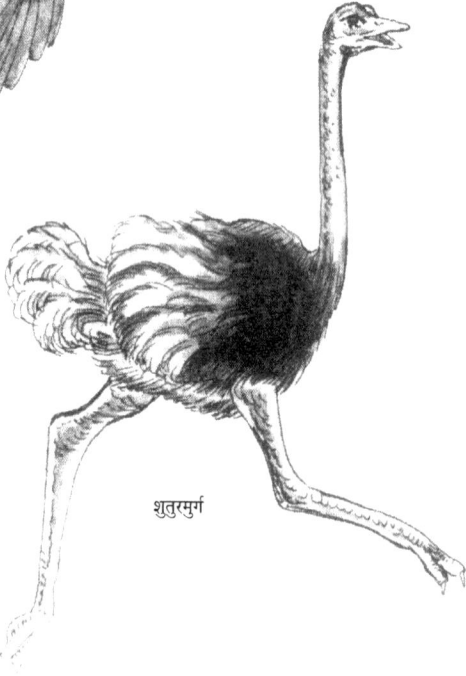

शुतुरमुर्ग

पक्षियों को 'पंखवाला द्विपाद' कहा जाता है। ये कशेरुकी और समतापी (Warm-blooded) जीव हैं, यानी इनके शरीर का तापमान वातावरण के साथ-साथ घटता-बढ़ता नहीं है, बल्कि हमेशा एक-सा बना रहता है। पक्षियों के शरीर का तापमान आम तौर पर स्तनपायी जीवों से कुछ अधिक 38°—44°C रहता है। शरीर का एक-सा तापमान बनाये रखने के लिए इनका शरीर कुचालक परों से ढका रहता है। पंख पक्षियों का प्रमुख लक्षण हैं। किसी पक्षी में पंखों की रचना द्व ारा उस वर्ग के पक्षियों के रहन-सहन के ढंग का पता लगाया जा सकता है। पंखों के होने से पक्षियों में विषम जलवायु सहन करने की अद्‌भुत क्षमता होती है। यदि इन्हें भोजन पर्याप्त मात्रा में मिलता रहे, तो इन पर जलवायु की विषमता का कोई विशेष प्रभाव नहीं पड़ता, चाहे वे तपते रेगिस्तान में 60°C के तापमान में रहें या बर्फीले प्रदेशों में शून्य से 40°C तक नीचे के तापमान में।

पक्षियों के मुख पर चोंच होती है, परन्तु दाँत नहीं होते। इनका शरीर सिर, गर्दन, धड़ और पूँछ चार भागों में बँटा होता है। इनका मुख्य भोजन कीड़े, दाने तथा जानवरों का मांस है। इनकी हड्डिया हल्की, खोखली और मजबूत होती हैं। सरीसृप की भाँति पक्षी भी अण्डे देते हैं। अण्डे कठोर खोल से ढके रहते हैं।

पक्षी हवा में कुशलतापूर्वक उड़ सकते हैं और जीवन व्यतीत कर सकते हैं, लेकिन कुछ पक्षी ऐसे भी हैं, जो उड़ नहीं सकते, जैसे—शुतुरमुर्ग (Ostrich), कैसोवरी (Cassowary), पेंग्विन (Penguins) आदि। इनके पंख अविकसित होते हैं, इसलिए ये उड़ नहीं पाते। सहवास के लिए नर पक्षी जाकर मादा को आकर्षित करते हैं। गाने के अतिरिक्त पक्षी खतरे की आवाज, गुस्से की आवाज और भोजन की आवश्यकता की आवाज पैदा कर लेते हैं।

पक्षियों में दृष्टि और श्रवण संवेद काफी विकसित होता है, लेकिन स्वाद संवेद कम विकसित और घ्राण संवेद तो बिल्कुल ही नहीं होता। अन्य सभी प्राणियों की अपेक्षा पक्षियों की आँखों में शीघ्र समंजन की अद्‌भुत क्षमता होती है, यानी दूर स्थित किसी वस्तु के पास की वस्तु पर उसी क्षण फोकस बदल जाता है।

अपने अण्डों तथा बच्चों के लिए पक्षी घोंसला बनाते हैं। केवल कुछ पक्षियों को छोड़कर सभी पक्षी अपने शरीर की गरमी से अण्डे सेते हैं और तब तक अपने बच्चों की देखभाल करते हैं जब तक वे अपने पैरों पर खड़े होकर उड़ना शुरू नहीं कर देते।

पक्षियों की लगभग 9,000 जातियाँ हैं। इनका आकार 5 से.मी. से 2.5 मीटर तक होता है। सबसे बड़ा पक्षी शुतुरमुर्ग है। इसकी उँचाई 2.5 मीटर (8 फुट) तक होती है। इसका वजन 120 कि.ग्रा. तक होता है। यह पक्षी उड़ नहीं सकता, लेकिन अपनी लम्बी टाँगों से तेज दौड़ने में सक्षम है। इसकी दौड़ने की गति 80 कि.मी. प्रति घण्टा तक होती है। सभी पक्षियों में घुमक्कड़ एल्बेट्रॉस (Wandering albatross) के पंखों का फैलाव सबसे अधिक होता है। इसके एक पंख से दूसरे पंख तक का फैलाव 3 मीटर (10 फुट) तक होता है। संसार की सबसे छोटी चिड़िया बी हमिंग बर्ड (Bee Humming Bird) है, जो क्यूबा और पाइंस के द्वीपों में पायी जाती है। इसके नर की कुल लम्बाई 57 मि.मी. होती है और वजन 1.6 ग्राम होता है। यह एक सेकेण्ड में लगभग 90 बार पंख फड़फड़ाती है। सबसे तेज उड़ने वाला पक्षी स्विफ्ट (Swift) है, जिसकी रफ्तार 170 कि.मी. प्रति घण्टा तक होती है। बतख सबसे तेज उड़ने वाला पक्षी है। यह 130 कि.मी. प्रति घण्टा के वेग से उड़ सकती है। काली कुररी (Sooty Tern) एक ऐसी चिड़िया है, जो 3 या 4 वर्ष तक आकाश में ही उड़ती रहती है, केवल अण्डे देने के दिनों में ही भूमि पर उतरती है। अनेक पक्षी विभिन्न ऋतुओं में प्रवासयात्राएँ करते हैं। पक्षियों के सुन्दर रंग और मनमोहक गीत सदियों से मनुष्य को लुभाते रहे हैं।

✪✪✪

पेंग्विन
घुमक्कड़
सबसे छोटी चिड़िया 'बी हमिंग बर्ड'

स्तनपायी (Mammals)

स्तनपायी या मैमेलिया वर्ग के जन्तु समतापी (Warm-blooded) होते हैं। इन जन्तुओं की त्वचा पर बाल पाये जाते हैं। त्वचा में स्वेद ग्रन्थियाँ (Sweat Glands) तथा तेल ग्रन्थियाँ (Sebaceous Glands) होती हैं। इनका शरीर सिर, गर्दन, धड़ और पूँछ में बँटा होता है। साँस लेने की क्रिया फेफड़ों से होती है। स्तनपायी शब्द सन् 1758 में लिनाक्स नामक वैज्ञानिक ने किया था। नर एवं मादा में स्तन ग्रन्थियाँ (Mammary Glands) पायी जाती हैं। स्तन ग्रन्थियों के कारण ही इस वर्ग को स्तनपायी कहते हैं। मादा में स्तन ग्रन्थियाँ विकसित हो जाती हैं, जिनसे दूध निकलता है। सभी मादाएँ अपने छोटे बच्चों को स्तनों से दूध पिलाती हैं। सभी जन्तु जरायुज (Viviparous) होते हैं, यानी मादा अण्डे नहीं देती, बल्कि बच्चे पैदा करती है। केवल प्रोटोथीरिया के जन्तु अण्डे देते हैं।

स्तनपायी जन्तुओं का विकास 20 करोड़ वर्ष पूर्व सरीसृपों (Reptiles) से हुआ है। इन जीवों की 4,200 जातियाँ हैं। इनका आकार 5 से.मी. से 31 मीटर तक होता है। आज यह जन्तुओं का सबसे अधिक विकसित एवं बुद्धिमान वर्ग है। स्तनपायी जीवों को तीन उपवर्गों में बाँटा गया है—

प्रोटोथीरिया (Protheria) : यह कम विकसित वर्ग है। चूँकि प्रारम्भिक

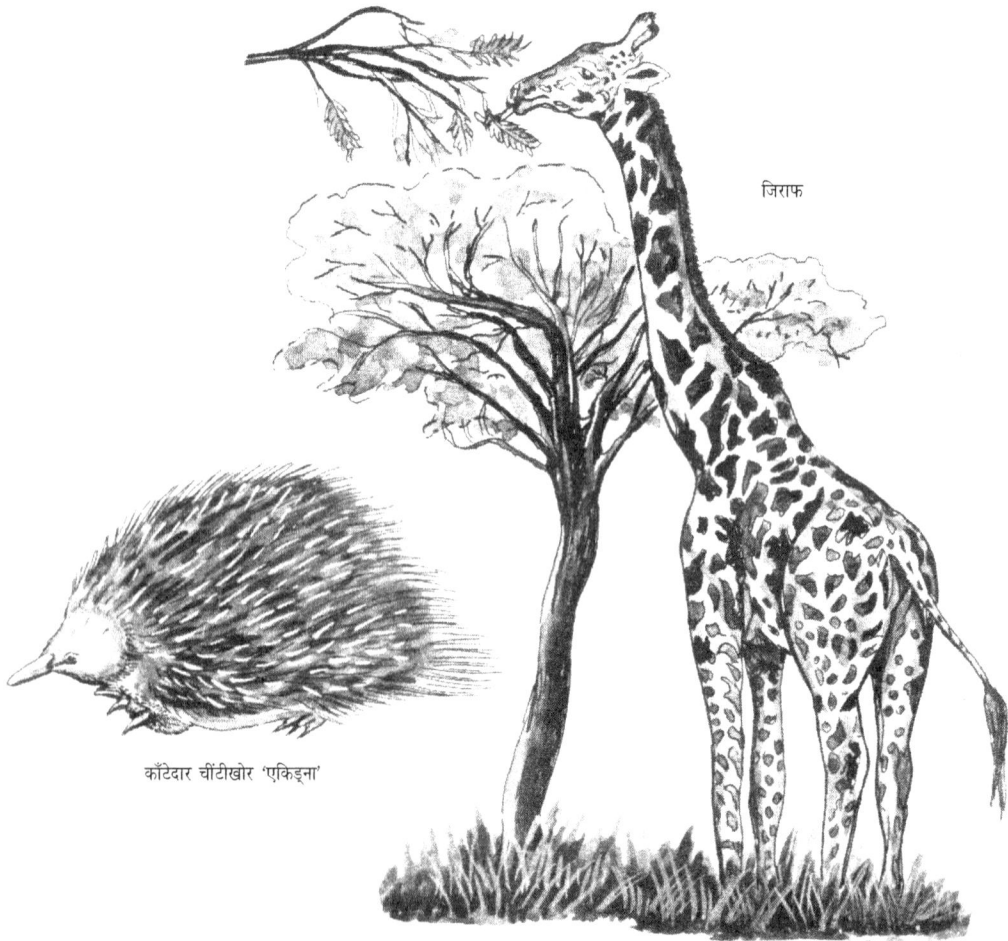

जिराफ

काँटेदार चींटीखोर 'एकिड्ना'

86

डकबिल-प्लेटिपस

स्तनपायी जन्तुओं का विकास सरीसृप से हुआ है, इसलिए इस समूह के जन्तुओं में सरीसृप वर्ग के भी कई लक्षण मौजूद हैं। ये अण्डे देते हैं, लेकिन इनमें स्तन ग्रन्थियाँ होती हैं। अण्डों से निकलने के बाद बच्चे माँ का दूध पीते हैं। ये जन्तु असमतापी होते हैं। इस उपवर्ग की आज केवल 6 जातियाँ डकबिल-प्लेटिपस (Duck-billed Platypus) तथा पाँच जातियाँ काँटेदार चींटीखोर (Spiny Anteater) या एकिड्ना (Echidn) ही शेष बची हैं। प्लेटिपस का मुँह बतख की चोंच की तरह होता है। इसके शरीर पर मुलायम बाल होते हैं। पैरों की उँगलियों में झिल्ली होती है। वयस्क में दाँत नहीं होते। एकिड्ना के शरीर पर नुकीले काँटे पाये जाते हैं। इसके मुँह में दाँत नहीं होते। ये दोनों जन्तु आस्ट्रेलिया और तस्मानिया में पाये जाते हैं।

मेटाथीरिया (Metatheria) : यह भी प्रारम्भिक स्तनपायी जीवों का उपवर्ग है, लेकिन ये आज अधिक विकसित अवस्था में हैं। मादा

कंगारू

87

ओरंग-उटान

अपरिपक्व बच्चे पैदा करती है। ये बच्चे मादा के उदर भाग में स्थित एक शिशुधानी (Marsupium) या थैली में पलते हैं और माँ का दूध पीकर बड़े होते हैं। इसलिए उस उपवर्ग को मारसूपियल्स (Marsupials) भी कहते हैं। इस उपवर्ग के जन्तु आस्ट्रेलिया और दक्षिण अमेरिका में पाये जाते हैं। कंगारू (Kangaroos), ओपोसम (Opossums), कोआला (Koala) आदि इसी उपवर्ग के जन्तु हैं।

यूथीरिया (Eutheria) : इस उपवर्ग के स्तनपायी सबसे अधिक विकसित और बुद्धिमान हैं। इनमें भ्रूण और शिशु का पोषण मादा के गर्भाशय में एक नली द्वारा होता है, जिसे गर्भनाल (Placenta) कहते हैं। इसी उपवर्ग में प्राइमेट्स (Primates) आते हैं, जिनमें कपि (Apes) और मनुष्य भी हैं। यूथीरिया को कई गणों में बाँटा गया है।

कीटभक्षी (Insectivora) : इसमें छछून्दर (Shrews), झाऊ चूहा (Hedgehogs), मोल (Moles) आदि आते हैं।

काइरोप्टेरा (Chiroptera) : ये जन्तु निशाचर होते हैं। अर्थात् ये रात में क्रियाशील होते हैं। इस गण में विभिन्न प्रकार के चमगादड़ शामिल हैं।

इडेण्टेटा (Edentata) : इस गण के जन्तुओं में दाँत अविकसित होते हैं। इनकी जीभ चिपचिपी, पतली और लम्बी होती है, जिसके द्वारा ये कीटों को चिपकाकर खा जाते हैं। डैसीपस (Dasypus) तथा स्लॉथ (Sloth) आदि इसी गण में आते हैं।

88

फोलीडोटा (Pholidota) : इस गण के जन्तुओं के शरीर पर कड़ी प्लेटों का आवरण होता है। मैनिज (Manis) इसका एक उदाहरण है।

रोडेसिंया (Rodentia) : इन जन्तुओं के दोनों जबड़ों में एक-एक जोड़ी मुड़े तेज कृंतक (Incisor) दाँत होते हैं। इन्हीं दाँतों के द्वारा ये आहार को कुतर-कुतर कर खाते हैं। ये शाकाहारी होते हैं, जैसे—चूहा, सेही, गिलहरी, बीवर आदि।

लोगोमोर्फा (Logomorpha) : इस गण के जन्तु कुतरने में बहुत तेज होते हैं। ये भी शाकाहारी होते हैं, जैसे—खरगोश और खरहा।

कार्नीवोरा (Carnivora) : इस गण में माँसाहारी जन्तु शामिल हैं। इनके पंजे मजबूत होते हैं और शिकार को चीरने वाले नुकीले रदनक (Canine) दाँत होते हैं। कुत्ता, भेड़िया, वीजल, भालू, शेर, रेकून, सील, बिल्ली आदि माँसाहारी जन्तु हैं।

पेरिसोडेक्टाइला (Perissodactyla) : इस गण में गैण्डा, घोड़ा आदि आते हैं। इन जन्तुओं के खुर उँगलियों की विषम संख्या जैसे—3 या 5 से बने होते हैं।

आर्टिओडेक्टाइला (Artiodactyla) : इस गण के जन्तुओं में खुर उँगलियों की सम संख्या 2 या 4 से बने होते हैं, जैसे—जिराफ, गाय, बकरी आदि।

प्रोबोसीडिया (Proboscidea) : इस गण में विभिन्न प्रकार के हाथी शामिल हैं, जिनका आकार विशालकाय होता है।

सिटेसिया (Cetacead) : इस गण के स्तनपायी जन्तु समुद्रों में पाये जाते हैं। इनका शरीर पानी में रहने के लिए अनुकूल होता है, जैसे—ह्वेल और डोलफिन। ब्लू ह्वेल सबसे विशालकाय जीव हैं।

प्राइमेट्स (Primates) : इस गण के जन्तुओं के हाथों और पैरों में पाँच-पाँच उँगलियाँ होती हैं। उँगलियों में नाखून होते हैं। आँखें चेहरे पर सामने होती हैं। छाती पर स्तन ग्रन्थियाँ होती हैं। बन्दर, गोरिल्ला, चिम्पैंजी, मनुष्य आदि इस गण में आते हैं। प्राइमेट्स में मनुष्य सबसे अधिक बुद्धिमान है। इसने अपनी बुद्धि के आधार पर विज्ञान तथा तकनीकी में तहलका मचा दिया है।

✪✪✪

नीली ह्वेल

बुल वालरस

घोंसले (Nests)

आम तौर पर पक्षियों के अण्डे देने, उन्हें सेने और बच्चों का पालन-पोषण का एक निश्चित समय या मौसम होता है, जिसे नीड़न ऋतु (Nesting Season) कहते हैं। अण्डों और बच्चों की सुरक्षा के लिए पक्षी घोंसला बनाते हैं। घोंसलों का निर्माण पक्षी सामान्यतः अण्डे देने से कुछ दिन पहले ही करते हैं। पक्षी विभिन्न प्रकार के घोंसले बनाते हैं, लेकिन एक जाति के पक्षी हमेशा एक ही प्रकार का घोंसला बनाते हैं। कोई चीज बनाने के लिए बुद्धि और प्रशिक्षण की जरूरत पड़ती है, लेकिन पक्षियों के बच्चे, जिन्हें न माता-पिता ही कुछ सिखाते हैं और न ही उनमें इतनी बुद्धि ही होती है, घोंसलों का कुछ भी ज्ञान न होने पर भी निर्धारित समय पर वे विशिष्ट प्रकार का अपना घोंसला बना लेते हैं। घोंसला बनाने की प्रेरणा पक्षियों को सहज प्रवृत्ति (Instinct) से मिलती है, जो वंशानुगत होकर असंख्य पीढ़ियों तक चली जाती है। पक्षी विभिन्न प्रकार के घोंसले अपने स्वभाव और आवश्यकतानुसार बनाते हैं।

गोल्ड क्रेस्ट का घोंसला

किंगफिशर का घोंसला

बया का घोंसला

ओवन बर्ड का घोंसला

बया, सूर्यपक्षी तथा फूलचुकी अपने घोंसले लटकते हुए बनाते हैं। ये पेड़ की पतली डाली के सिरे पर ऊर्ध्वाधर (Vertical) दीर्घाकार कोष्ठ के रूप में लटके रहते हैं। इनके अन्दर जाने के लिए एक तरफ छेद होता है, जिसके ऊपर छज्जा-सा बना होता है। घोंसले के बाहर की तरफ पेड़ की छाल के टुकड़े, सींक, इल्लियों की विष्ठा और मकड़ी के अण्डों के खोल लगे होते हैं। बया का बुना हुआ घोंसला सबसे सुन्दर और कलात्मक होता है। पेड़ पर लटका यह अलग से ही दिखायी देता है।

दरजिन चिड़िया, फुतकी आदि पक्षी पत्तियों को मिलाकर कीप जैसा घोंसला बनाते हैं। इसी जाति के कुछ पक्षी दीर्घाकार बटुए के रूप में घोंसले बनाते हैं, जो लम्बी घास या नीचे झाड़ियों के तने में अटके रहते हैं। दरजिन चिड़िया पत्तियों को सीकर अपना घोंसला बनाती हैं। इसलिए इस पक्षी को दरजिन चिड़िया कहते हैं।

बतासी पक्षी अपने घोंसले अँधेरी गुफाओं की चट्टानों या समुद्र के अन्दर द्वीपों की गुफाओं में बनाते हैं। ये घोंसले आधे प्याले की शक्ल के होते हैं और केवल लार द्वारा या लार में तिनके, पंख आदि मिलाकर बनाये जाते हैं।

उल्लू, मैना, कठफोड़ा, धनेश आदि पक्षी पेड़ों के तनों या सड़ी हुई लकड़ी को खोखला करके या प्राकृतिक खोखलों में अपने घोंसले बनाते हैं और उनमें मुलायम चीजों का पतला अस्तर-सा बिछा देते हैं।

कस्तूरा, अबाबील और मार्टिन आदि पक्षी गीली मिट्टी बरसाती गड्ढों के पास से लाते हैं और मिट्टी में अपनी लार मिलाकर घोंसला

बनाते हैं। लार सीमेण्ट का काम करती है। मीनरक और हूप आदि के घोंसले मकानों के छज्जों तथा टीलों आदि पर होते हैं। ये अपनी चोंच से मिट्टी खोदकर और पैरों से हटाकर एक क्षैतिज सुरंग बनाते हैं, जो मिट्टी के कटाव में या पानी के किनारे एक तरफ खुलती है। इन सुरंगों की लम्बाई कई फुट तक होती है। सुरंग सिरे पर चौड़ी होकर एक गोल-सी अण्ड कक्ष (Egg Chamber) बन जाती है।

बटेर, टर्न, जंगली मुर्गी आदि भूमि पर जमा की गयी कतरन, भुस या छीलन आदि पर घास, पत्तियाँ बिछाकर घोंसला बनाते हैं। घरेलू चिड़िया आस-पास के वृक्षों और घरों के छज्जों पर तिनका तथा पत्तियों से घोंसला बनाते हैं। हर घोंसले में बैठने का स्थान मुलायम होता है जहाँ पक्षी अण्डे देकर उन्हें सेते हैं।

✹✹✹

दरजिन चिड़िया का घोंसला

लैपविंग का घोंसला

स्विफ्ट का घोंसला

धनेश का घोंसला

ब्रश टर्की का घोंसला

जन्तुओं की प्रवास-यात्राएँ (Migration)

हर वर्ष किसी भी प्रदेश में सर्दियाँ शुरू होते ही अनेक पक्षी हजारों मील की यात्राएँ करके गरम प्रदेशों में आ जाते हैं। इन्हें प्रवासी पक्षी कहते हैं। इनकी यात्राएँ ठीक समय पर होती हैं और पक्षी तो समय के इतने पाबन्द होते हैं कि इनके आने-जाने की तारीखों का सही अनुमान लगाया जा सकता है। सुदूर देशों तक स्थानान्तरण की क्रिया इतने नियमित तथा सुव्यवस्थित ढंग से होती है, मानो कम्प्यूटर द्वारा प्रोग्राम का नियन्त्रण किया गया हो।

ठण्डी विषम परिस्थितियों में पर्याप्त भोजन न मिलने के कारण अण्डे देने और बच्चों को पालने के लिए पक्षियों को अपना आवास बदलना पड़ता है। इस प्रकार पक्षी दो विभिन्न मौसमों में दो अलग-अलग स्थानों पर इस तरह रहते हैं कि दोनों स्थानों पर उनको अनुकूल मौसम और भोजन मिल जाता है। लेकिन पक्षी हमेशा अपने मूल निवास पर ही, जो उनका प्रजनन या नीड़न स्थल होता है, प्रजनन क्रियाएँ करते हैं। इसलिए उत्तरी गोलार्द्ध में इनके प्रजनन स्थल आर्कटिक या समशीतोष्ण कटिबन्ध के पास और शीतकालीन आवास भूमध्य रेखा के पास स्थित हैं। दक्षिणी गोलार्द्ध में ठीक इसका उल्टा है। हालाँकि कुछ पक्षी पूरब-पश्चिम दिशा में भी प्रवास करते हैं, लेकिन अधिकांश पक्षियों की प्रवास की दिशा उत्तर-दक्षिण ही रहती है। प्रवास के सबसे अनुकूल स्थान उत्तरी अमेरिका, यूरोप और एशिया के प्रदेश हैं।

प्रवास-यात्राएँ अन्य प्राणियों में भी देखी जाती हैं, लेकिन पक्षियों में तो यह कला सबसे अधिक विकसित हुई है। यात्राओं के दौरान

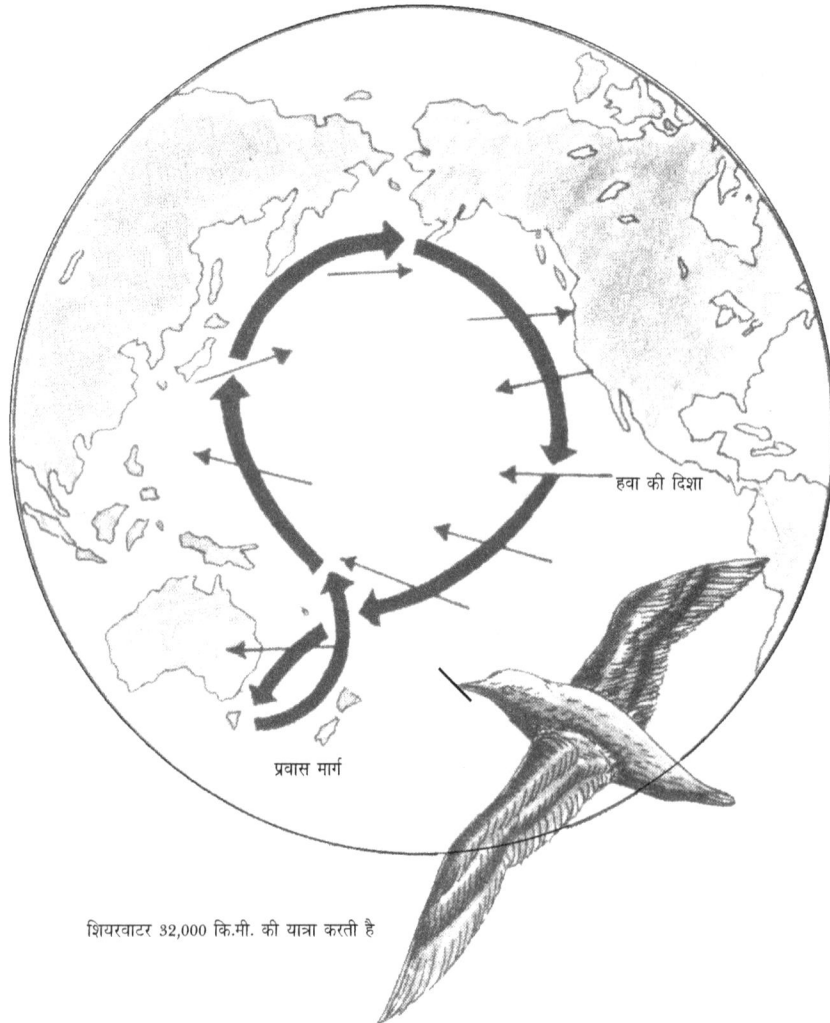

हवा की दिशा
प्रवास मार्ग

शियरवाटर 32,000 कि.मी. की यात्रा करती है

इन्हें भारी कष्ट झेलने पड़ते हैं और बड़े-बड़े खतरों का सामना करना पड़ता है। कितने आश्चर्य की बात है कि ये दुर्घटनाओं तथा रास्ता भूलने आदि अन्य बाधाओं से बचते हुए ठीक निश्चित स्थान पर पहुँच जाते हैं। इनकी ये यात्राएँ बिना किसी पूर्व अनुभव या प्रशिक्षण के होती हैं। ऐसा माना जाता है कि लक्ष्य तथा रास्ते का पूर्वज्ञान उन जन्मजात जातीय प्रथा की अभिव्यक्ति है, जो प्रवासी पक्षियों में असंख्य पीढ़ियों से वंशानुगत चली आ रही है।

पक्षियों की प्रवास-उड़ानें विभिन्न ऊँचाइयों पर होती हैं। उड़ान की ऊँचाई सामान्यतः 900-9000 मीटर तक होती है।

पक्षियों में सबसे लम्बी प्रवास-यात्रा वर्ष में दो बार आर्कटिक टर्न (Arctic Tern) की होती है, जो सर्दी में आर्कटिक से

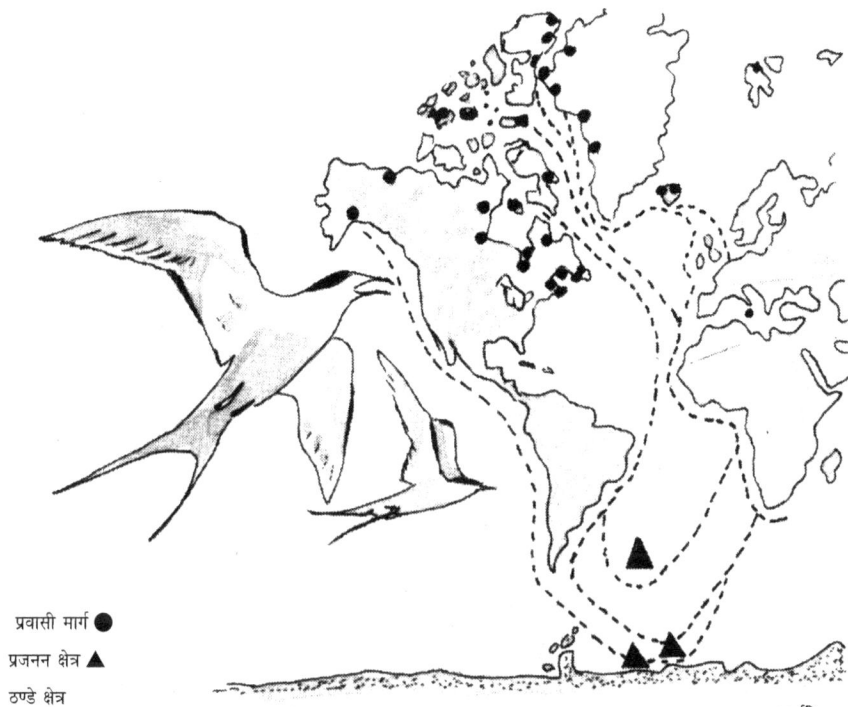

प्रवासी मार्ग ●
प्रजनन क्षेत्र ▲
ठण्डे क्षेत्र

आर्कटिक टर्न का प्रवासी मार्ग और क्षेत्र

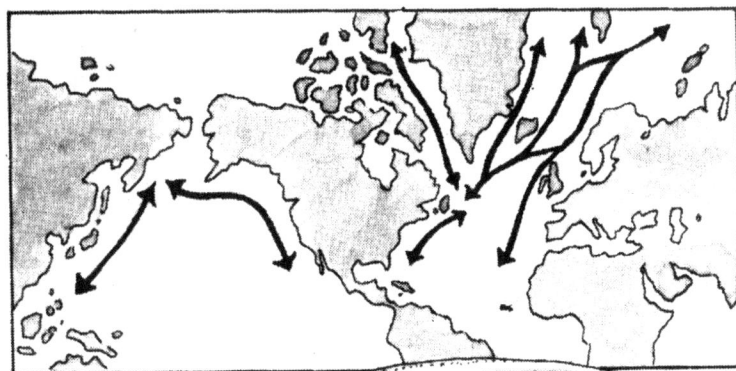

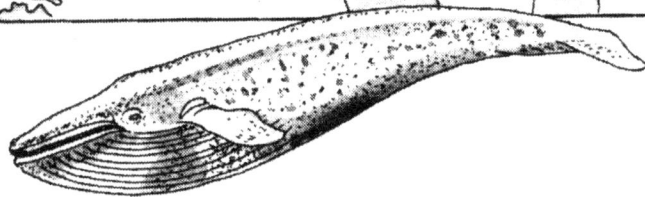

ग्रे ह्वेल 9,000 कि.मी. की प्रवास यात्रा करती है

93

दक्षिण की ओर पृथ्वी के आर-पार उड़ती हुई गरमियाँ अण्टार्कटिक प्रदेश में गुजारकर फिर वापस लौट आती है। हर वर्ष यह चिड़िया आने-जाने में 36,000 किलोमीटर का सफर तय करती है।

पक्षियों के अलावा स्तनपायी, कीट-पतंगे, सरीसृप, उभयचर आदि भी प्रवास-यात्राएँ करते हैं।

कुछ प्रवासी जन्तुओं के रिकार्ड–

- **कैरिबू (Caribou)**–आर्कटिक उत्तरी अमेरिका से दक्षिण की ओर 1,100 कि.मी. की यात्रा करता है।

ग्रे ह्वेल–हर वर्ष 9,000 कि.मी. की यात्रा करती है।

- **ईल मछली**–सरगासो समुद्र से काले सागर तक 8,300 कि.मी. की यात्रा करती है। इस यात्रा में कई वर्ष लगते हैं।

पेण्टेड लेडी तितली (Painted Lady Butterfly)– उत्तरी अफ्रीका से आइसलैण्ड तक 6,400 कि.मी. का सफर तय करती है।

- **अलास्का सील**–यह 9,600 कि.मी. की यात्रा करती है।
- **चमगादड़**–2,300 कि.मी. तक की प्रवास-यात्राएँ करती हैं।
- **ग्रीन टर्टिल (Green Turtle)**–दक्षिण अमेरिका से अफ्रीका तक 5,900 कि.मी. की यात्रा करता है।
- **टोड**–3 कि.मी. तक की यात्रा करते हैं।
- **शियरवाटर चिड़िया (Shearwater)**–32,000 कि.मी. की यात्रा करती हैं।

इनके अतिरिक्त प्रवासी पक्षियों की लम्बी लिस्ट है, जो जाड़े के मौसम में यात्रा करके गरम क्षेत्रों में आ जाते हैं।

कैरिबू 1100 कि.मी. की यात्रा करता है

जन्तुओं की रफ्तार (Speeds of Animals)

जन्तुओं के दौड़ने, उड़ने और तैरने का अधिकतम वेग ज्ञात करने के लिए अनेक परीक्षण किये गये हैं। इन परीक्षणों से ज्ञात हुआ है कि कोई भी जन्तु 2 या 3 किलोमीटर तक ही तेज गति से दौड़ सकता है। जन्तुओं की रफ्तार के कुछ रिकॉर्ड निम्नलिखित प्रकार हैं :

- **टूना मछली (Tuna)**—69 कि.मी. प्रति घण्टा
- **सेलफिश**—110 कि.मी. प्रति घण्टा
- **स्वोर्डफिश**—92 कि.मी. प्रति घण्टा
- **चार पंखों वाली फ्लाइंग फिश**—64 कि.मी. प्रति घण्टा
- **शुतुरमुर्ग**—80.450 कि.मी. प्रति घण्टा
- **स्पाइन-टेल्ड स्विफ्ट (Spine- tailed Swift)**—171 कि.मी. प्रति घण्टा
- **हॉकमोथ (Hawkmoth)**—53 कि.मी प्रति घण्टा
- **ब्लैक माम्बा (Black Mamba) साँप**—11 कि.मी. प्रति घण्टा
- **ब्लैक बग (Black Bug)** 95 कि.मी प्रति घण्टा
- **शेर**—88 कि.मी. प्रति घण्टा
- **ग्रास स्नेक (Grass Snake)**—8 कि.मी. प्रति घण्टा
- **लैदरबैक टर्टिल (Leatherback Turtle)**—35 कि.मी. प्रति घण्टा
- **कंगारू (Kangaroo)**—25 कि.मी. प्रति घण्टा
- **हाथी**—35 कि.मी. प्रति घण्टा

- **गजेल (Gazelle)** – 92 कि.मी. प्रति घण्टा
- **प्रोंगहॉर्न एण्टीलोप (Pronghorn Antelope)**—89 कि.मी. प्रति घण्टा
- **जेब्रा**—64 कि.मी. प्रति घण्टा
- **भेड़िया**—45 कि.मी. प्रति घण्टा
- **चीता**—101 कि.मी. प्रति घण्टा
- **मनुष्य**—43 कि.मी. प्रति घण्टा
- **हिरन (Deer)**—75 कि.मी. प्रति घण्टा
- **लोमड़ी (Fox)**—75 कि.मी. प्रति घण्टा
- **भैंस (Buffalo)**—55 कि.मी. प्रति घण्टा

धीमी गति से चलने वाले जन्तुओं में निम्नलिखित मुख्य हैं—

- **सामान्य गार्डन स्नेल (Snail)**—0.83 मीटर प्रति मिनट
- **विशालकाय कछुआ (Giant Tortoise)**—4.57 मीटर प्रति मिनट
- **स्लाथ (Sloth)**—2.10 मीटर प्रति मिनट

✪✪✪

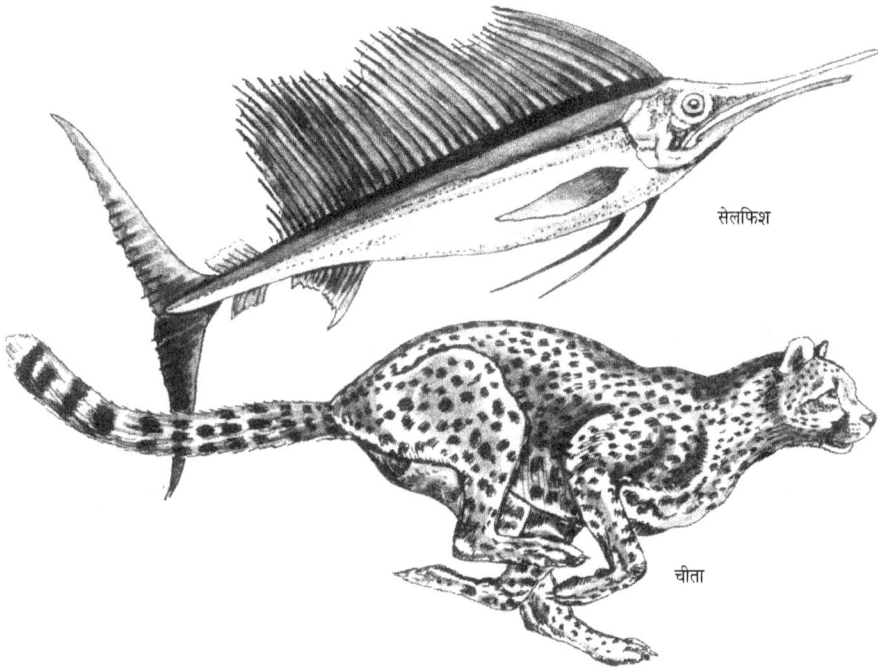

सेलफिश

चीता

जन्तुओं की अधिकतम आयु (Maximum Lifespans of Animals)

इस धरती पर जिसने जन्म लिया है, वह मरता भी अवश्य है, लेकिन हर प्राणी की उम्र उसकी जाति के अनुसार होती है। बर्फ के तापमान या नमक में दबे कुछ जीवाणु (Bacteria) दस लाख वर्ष से भी अधिक समय तक जीवित रह सकते हैं। कुछ पेड़ों की उम्र भी बहुत लम्बी होती है। केवल जन्तु-जगत ही ऐसा है, जिसमें कुछ की आयु बहुत कम तो कुछ की बहुत अधिक होती है। कुछ जन्तुओं की अधिकतम आयु के आँकड़े निम्नलिखित हैं :

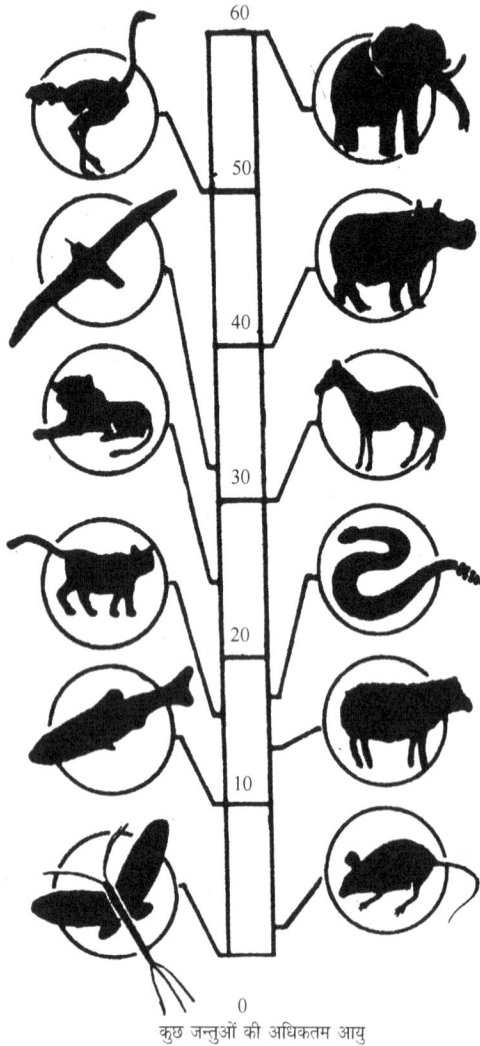

कुछ जन्तुओं की अधिकतम आयु

- **मेफ्लाई (Mayfly)**–1 दिन
- **चूहा**–2-3 वर्ष
- **ट्रॉट (Trout)**–5-10 वर्ष
- **भेड़**–10-15 वर्ष
- **बिल्ली**–13-17 वर्ष
- **रैटिल स्नेक (Rattle Snake)**–18 वर्ष
- **जापानी सैलामेण्डर (Japanese Salamander)**–55 वर्ष
- **लेक स्टर्जियन मछली (Lake Sturgeon)**–82 वर्ष
- **जैली मछली (Jellyfish)**–1 वर्ष
- **जोंक (Leech)**–20 वर्ष
- **लोबस्टर (Lobster)**–50 वर्ष से अधिक
- **मकड़ी**–28 वर्ष
- **बीटल (Beetle)**–30 वर्ष
- **टेपवर्म इकाइनोकोकस**–56 वर्ष
- **क्लेम (Clam) घोंघा**–150 वर्ष से अधिक
- **कछुआ**–152 वर्ष से अधिक
- **एल्बेट्रॉस (Albatross)**–33 वर्ष
- **शुतुरमुर्ग–(Ostrich)**–50 वर्ष
- **ऐडिण्यन कोण्डोर पक्षी**–70 वर्ष से अधिक
- **सफेद पेलिकन**–51 वर्ष
- **दरियाई घोड़ा (Hippopotamus)**–40 वर्ष
- **हाथी**–60 वर्ष
- **शेर**–25 वर्ष
- **गैण्डा**–40 वर्ष
- **घोड़ा**–30 वर्ष
- **भालू**–34 वर्ष
- **बन्दर**–20 वर्ष
- **कुत्ता**–22 वर्ष
- **मनुष्य**–118 वर्ष से अधिक
- **तोता**–140 वर्ष
- **घरेलू चिड़िया**–23 वर्ष
- **कार्प फिश**–25 वर्ष
- **कैट फिश**–60 वर्ष
- **ईल**–50 वर्ष

04 मानव शरीर (The Human Body)

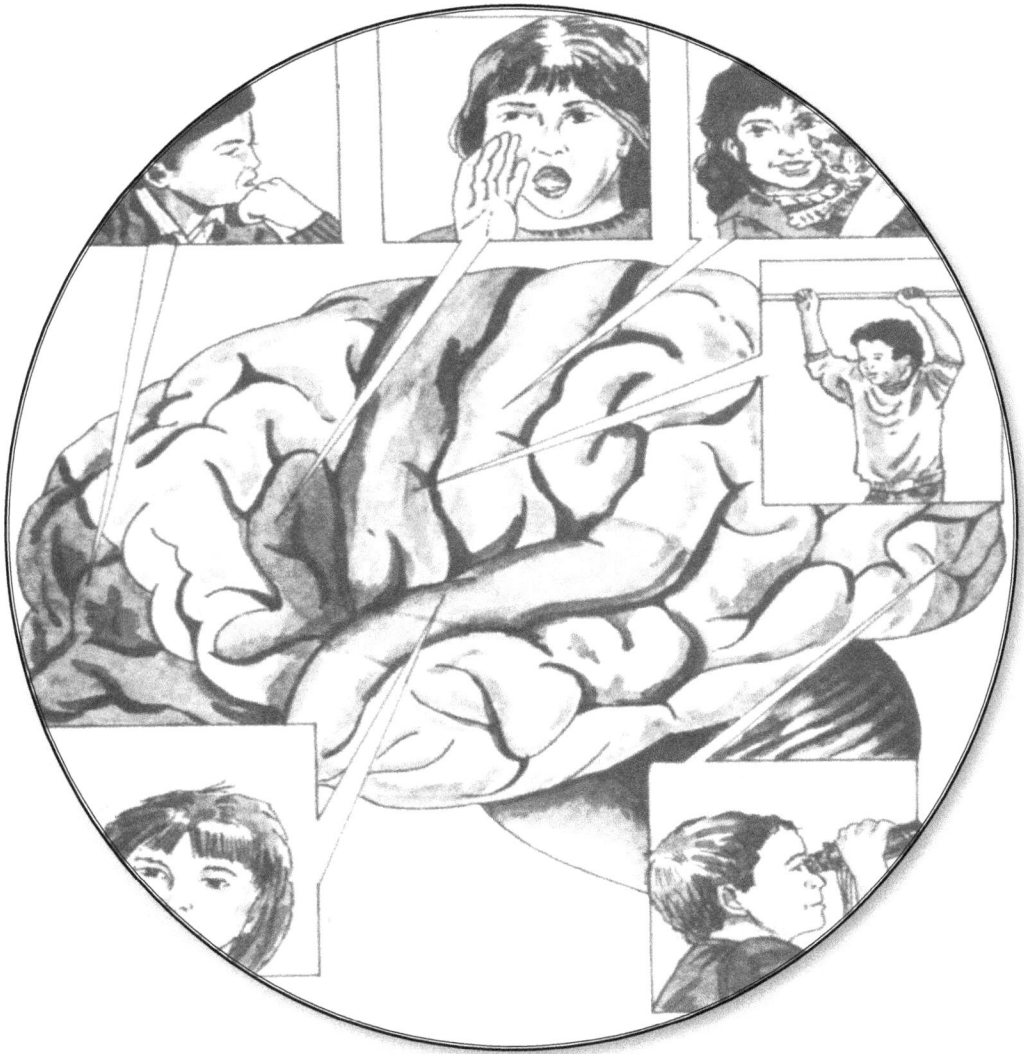

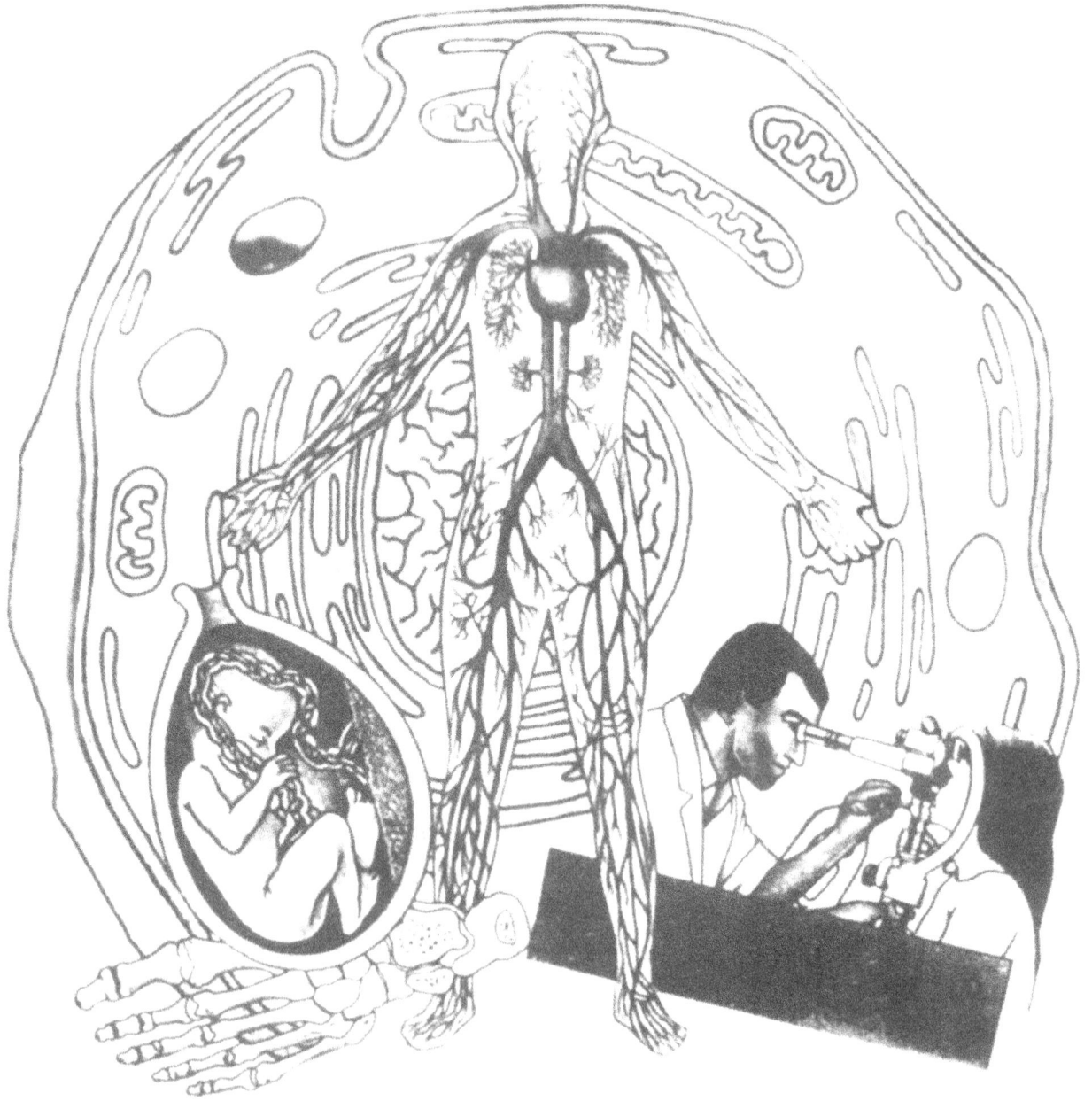

जीवित कोशिकाएँ (Living Cells)

जिस प्रकार किसी भी भवन की मूल इकाई (Basic Unit) ईंट है, उसी प्रकार कोशिका भी हमारे शरीर की मूल इकाई है। मानवशरीर अरबों-खरबों कोशिकाओं से मिलकर बना है। सभी कोशिकाएँ शरीर में उपस्थित कोशिकाओं से बनती हैं। सभी कोशिकाएँ रासायनिक संरचना में एक जैसी होती हैं। समान कोशिकाओं के मिलने से ऊतक (Tissues) बनते हैं तथा विभिन्न ऊतकों से अंग। विभिन्न अंगों के मिलने से शारीरिक तन्त्रों का निर्माण होता है। शरीर के विभिन्न तन्त्रों की कोशिकाओं की बनावट और आकार भी भिन्न होते हैं तथा इनका अपना विशिष्ट कार्य होता है। कोशिका के सात मुख्य भाग होते हैं– कोशिका भित्ति (Cell Membrane), कोशिका द्रव्य (Cytoplasm), लाइसोसोम (Lysosomes), केन्द्रक (Nucleus), एण्डोप्लाज़्मिक जालिका (Endoplasmic Reticulum), माइटोकॉण्ड्रिया (Mitochondria) तथा गॉल्गी तन्त्र (Golgi Complex)।

कोशिका भित्ति

कोशिका के चारों ओर एक भित्ति होती है, जो जीवद्रव्यों (Protoplasms) का स्रावित पदार्थ (Secretory Product) है। यह कोशिका की प्रतिकूल वातावरण से रक्षा करती है तथा एक कोशिका को दूसरी कोशिका से अलग करती है। यह कोशिका को बाँधे रखती है और उसे एक निश्चित आकार प्रदान करती है। जन्तुओं और पेड़-पौधों की कोशिकाएँ अलग-अलग होती हैं।

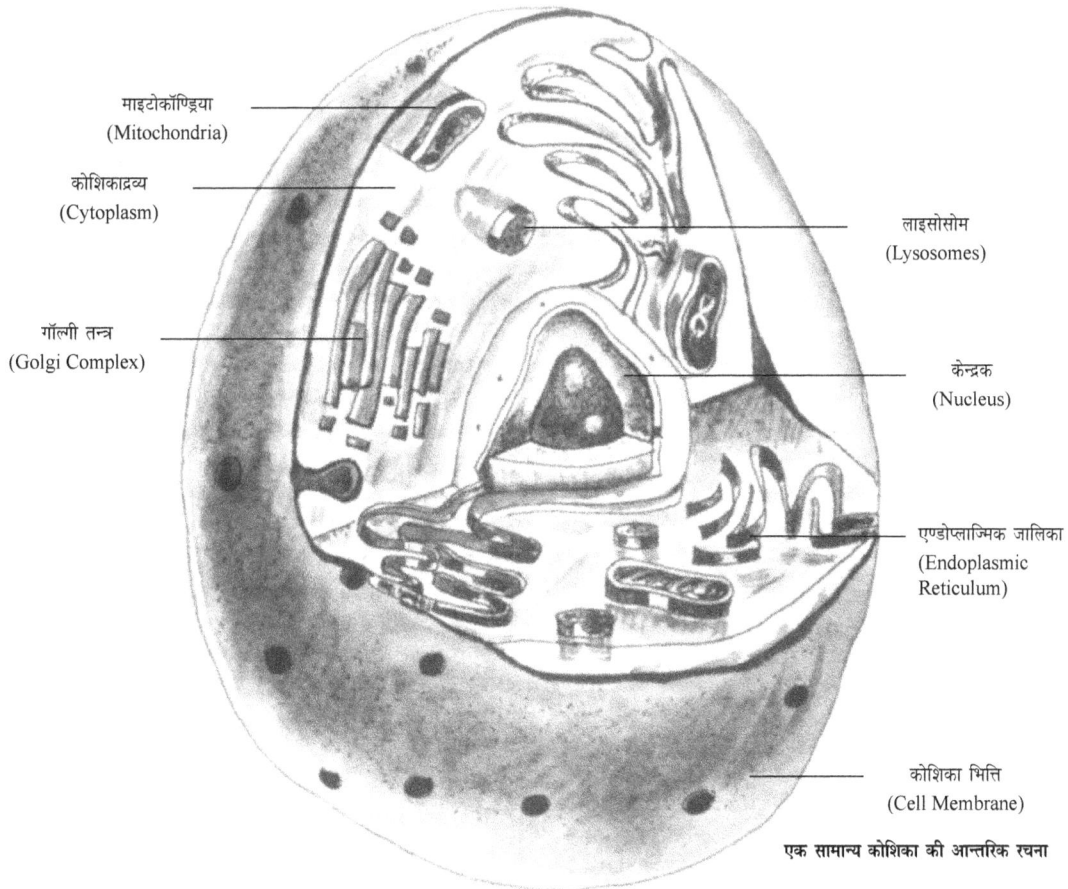

एक सामान्य कोशिका की आन्तरिक रचना

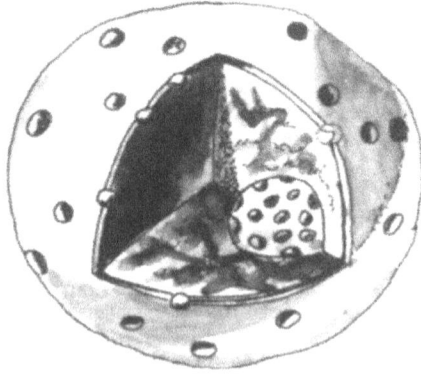

केन्द्रक (Nucleus)

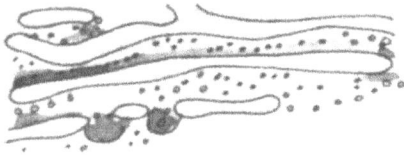

एण्डोप्लाज्मिक जालिका (Endoplasmic Reticulum)

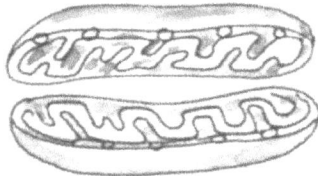

माइटोकॉण्ड्रिया (Mitochondria)

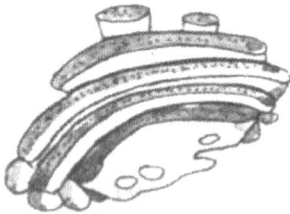

गॉल्गी तन्त्र (Golgi Complex)

कोशिका द्रव्य

जीवद्रव्य का वह भाग, जो केन्द्रक को चारों ओर से घेरे रहता है, कोशिका द्रव्य कहलाता है। यह जीवित, रंगहीन, अर्ध-पारदर्शी और कणिकामय होता है। इसमें विभिन्न प्रकार के कार्बनिक तथा अकार्बनिक पदार्थ घोल या कोलाइड के रूप में पाये जाते हैं।

लाइसोसोम

ये गोल शक्ल की एक परत वाली झिल्लियों से घिरी थैलियाँ होती हैं। इनका मुख्य कार्य बाह्य-कोशिका पदार्थों का पाचन (Digestion of extra-cellular material), अन्तः-कोशिका पाचन (Intracellular Digestion), स्वनष्टीकरण (Autolysis) तथा कोशिका विभाजन में सहायता (Trigger of cell division) करना है।

केन्द्रक

यह एक सघन गोल संरचना होती है, जो कोशिका के कार्यकलापों पर नियन्त्रण रखती है। केन्द्रक एक अर्ध पारगम्य झिल्ली से घिरा होता है। इसमें 85% प्रोटीन, 10% RNA और 5% DNA होते हैं। DNA का सबसे महत्त्वपूर्ण कार्य आनुवंशिक लक्षणों को एक पीढ़ी से दूसरी पीढ़ी तक पहुँचाना है। यह कई प्रकार के राइबोन्युक्लियक अम्लों का निर्माण करता है, जिसकी मदद से प्रोटीन-संश्लेषण होता है। यह कोशिका की सभी जैव प्रक्रियाओं का नियन्त्रण करता है। RNA एमीनो अम्लों से प्रोटीन संश्लेषण की क्रिया में DNA के आदेशानुसार भाग लेता है।

एण्डोप्लाज्मिक जालिका

कोशिका द्रव्य में फैला यह असंख्य शाखाओं वाली झिल्लियों का एक जाल है। जाल की झिल्लियाँ दोहरी परत की बनी होती हैं और असंख्य नलिकाएँ बनाती हैं। इनके मुख्य कार्य हैं- कोशिका के अन्दर कोशिका द्रव्य और केन्द्रक द्रव्य में विभिन्न पदार्थों का अन्तः-कोशिकीय परिवहन (Intracellular Transport), वसा-संश्लेषण की क्रिया में मदद तथा कोशिका विभाजन के समय नयी केन्द्रक झिल्ली (Nuclear Membrane) का निर्माण करना।

माइटोकॉण्ड्रिया

कोशिका द्रव्य में अनेक सूक्ष्म, छड़ी के आकार के (Rod-shaped), गोलाकार (Spherical) तथा सूत्री (Filamentous) कोशिकांग होते हैं, जिन्हें माइटोकॉण्ड्रिया कहते हैं। इन्हें कोशिका का पॉवर हाउस भी कहते हैं, क्योंकि इन्हीं में कोशिका क्रिया के लिए ऊर्जा पैदा होती है। इनमें ऑक्सिकीय श्वसन क्रिया का मुख्य भाग घटित होता है। इस ऑक्सीकरण की क्रिया में एडीनोसीन डाइफॉस्फेट (ADP) से एडीनोसीन ट्राइफॉस्फेट (ATP) नामक अधिक ऊर्जा वाले यौगिक का निर्माण होता है। यही ऊर्जा कोशिका के विभिन्न क्रिया-कलापों में काम आती है।

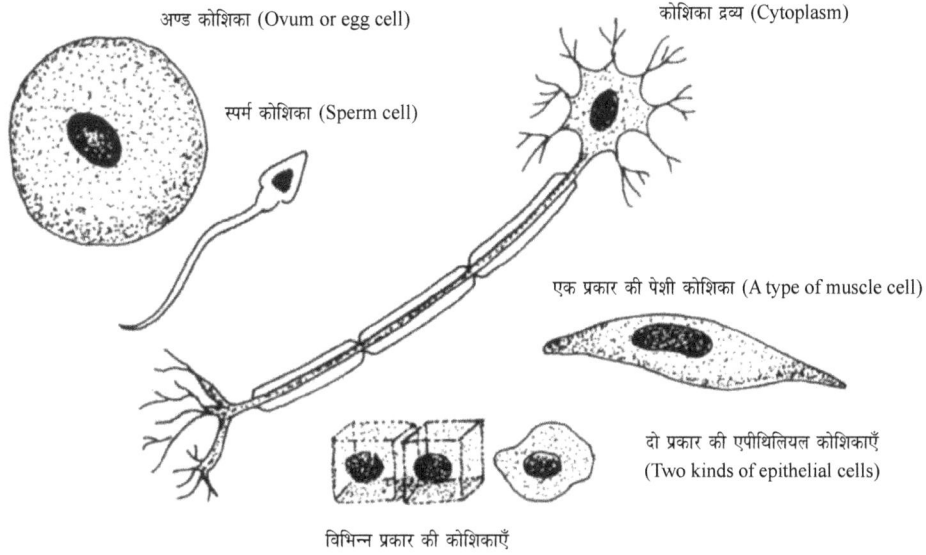

अण्ड कोशिका (Ovum or egg cell)
स्पर्म कोशिका (Sperm cell)
कोशिका द्रव्य (Cytoplasm)
एक प्रकार की पेशी कोशिका (A type of muscle cell)
दो प्रकार की एपीथिलियल कोशिकाएँ (Two kinds of epithelial cells)

विभिन्न प्रकार की कोशिकाएँ

गॉल्गी तन्त्र

इस तन्त्र में विभिन्न आकार की चपटी तथा मुड़ी हुई थैलियों (Cisternae) का एक समूह होता है। इस तन्त्र के मुख्य कार्य हैं : कोशिकीय पदार्थों का स्रवण (Secretion) तथा विभिन्न हारमोनों का उत्पादन।

विभिन्न प्रकार की कोशिकाएँ

मानवशरीर में विभिन्न प्रकार की कोशिकाएँ होती हैं। मस्तिष्क की कुछ कोशिकाएँ बहुत सूक्ष्म होती हैं, जिनका आकार केवल 0.005 mm होता है। अण्ड (Ovum) या अण्ड कोशिका (Egg cell) सबसे बड़ी होती है, जिसका व्यास 0.2 mm होता है। कुछ कोशिकाएँ गोल और कुछ चपटी होती हैं। पेशी कोशिका लम्बी और बेलनाकार होती है, जिसकी लम्बाई लगभग 60 mm होती है। इसमें सिकुड़ने का गुण होता है। गुर्दे की कोशिकाएँ मूत्र-उत्सर्जन में सहायता करती हैं।

ऊतक और अंग (Tissues and Organs)

समान कोशिकाओं के एक विशेष क्रम में मिलने से ऊतक बनते हैं। प्रत्येक ऊतक का एक विशिष्ट कार्य होता है। ऊतक चार प्रकार के होते हैं। ये हैं— प्रोटेक्टिव ऊतक, पेशीय ऊतक, कनेक्टिव ऊतक तथा तन्त्रिका ऊतक। विभिन्न प्रकार के ऊतक आपस में मिल-जुलकर कार्य करते हैं।

विभिन्न प्रकार के ऊतकों के मिलने से अंगों का निर्माण होता है, जैसे— हृदय, गुर्दे, वृक्क, फेफड़े आदि। प्रत्येक अंग का शरीर में एक विशिष्ट कार्य होता है। अंगों के मिलने से तन्त्रों (Systems) का निर्माण होता है। शरीर के मुख्य तन्त्र हैं—कंकाल तन्त्र (Skeletal System), पेशी तन्त्र (Muscular System), तन्त्रिका तन्त्र (Nervous System), पाचक तन्त्र (Digestive System), श्वसन तन्त्र (Respiratory System), रुधिर-परिसंचरण-तन्त्र (Circulatory System), एण्डोक्राइन तन्त्र (Endocrine System), मूत्रीय तन्त्र (Urinary System) और जनन तन्त्र (Reproductive system)।

कोशिकाएँ कब तक जीवित रहती हैं?

कुछ कोशिकाएँ तो थोड़े दिन तक ही जीवित रहती हैं, लेकिन कुछ ऐसी भी हैं, जो हफ्तों, महीनों या वर्षों तक जीवित रहती हैं। अस्थि कोशिकाएँ (Bone Cells) 15-20 वर्षों तक जीवित रहती हैं, जबकि श्वेत रक्त कोशिकाओं (White Blood Cells) की आयु केवल चार महीने ही होती है। त्वचा कोशिकाओं (Skin Cells) का जीवन-काल लगभग 3 सप्ताह होता है। तन्त्रिका कोशिकाओं की आयु सबसे अधिक होती है। ये हमारे जीवन के अन्तिम समय तक जीवित रहती हैं।

मिओसिस और माइटोसिस क्रियाओं द्वारा शरीर में कोशिका विभाजन की क्रिया होती रहती है। इन्हीं से शारीरिक वृद्धि और प्रजनन क्रियाएँ भी होती हैं। इन क्रियाओं द्वारा पुरानी कोशिकाओं के स्थान पर नयी कोशिकाएँ आती हैं। मिओसिस से स्पर्म और अण्डा बनता है। वृद्धि और प्रजनन क्रियाएँ जीवों की मूल क्रियाएँ हैं।

✿✿✿

मानव-कंकाल (Human Skeleton)

हमारे शरीर का ढाँचा अस्थियों का बना हुआ है। यह ढाँचा या कंकाल हमारे शरीर को साधे रहता है, इसे निश्चित आकृति और दृढ़ता प्रदान करता है तथा आन्तरिक अंगों की रक्षा करता है। जन्म के समय बच्चे के शरीर में 300 अस्थियाँ होती हैं। लेकिन युवा होते-होते इनकी संख्या 206 रह जाती है। क्योंकि कुछ अस्थियाँ एक-दूसरे से जुड़ जाती हैं। हमारे सिर में 29 अस्थियाँ (Bones) और प्लेटें होती हैं। मेरुदण्ड या रीढ़ की हड्डी 33 कशेरुकाओं से मिलकर बनी है, लेकिन जैसे-जैसे मानव शैशवावस्था को पार करता जाता है, इनकी संख्या कम होती जाती है और कुछ कशेरुकाएँ आपस में जुड़ जाती हैं, जिससे इनकी संख्या 26 रह जाती है। छाती में दोनों ओर बारह-बारह पसलियाँ (Ribs) होती हैं। हाथ की अँगुलियों में 15 अस्थियाँ होती हैं। टाँग के ऊपर के हिस्से की अस्थि सबसे लम्बी (लगभग 48 से.मी.) होती है। इसे फीमर (Femur) अस्थि कहते हैं। पैरों (Feet) में 52 अस्थियाँ होती हैं।

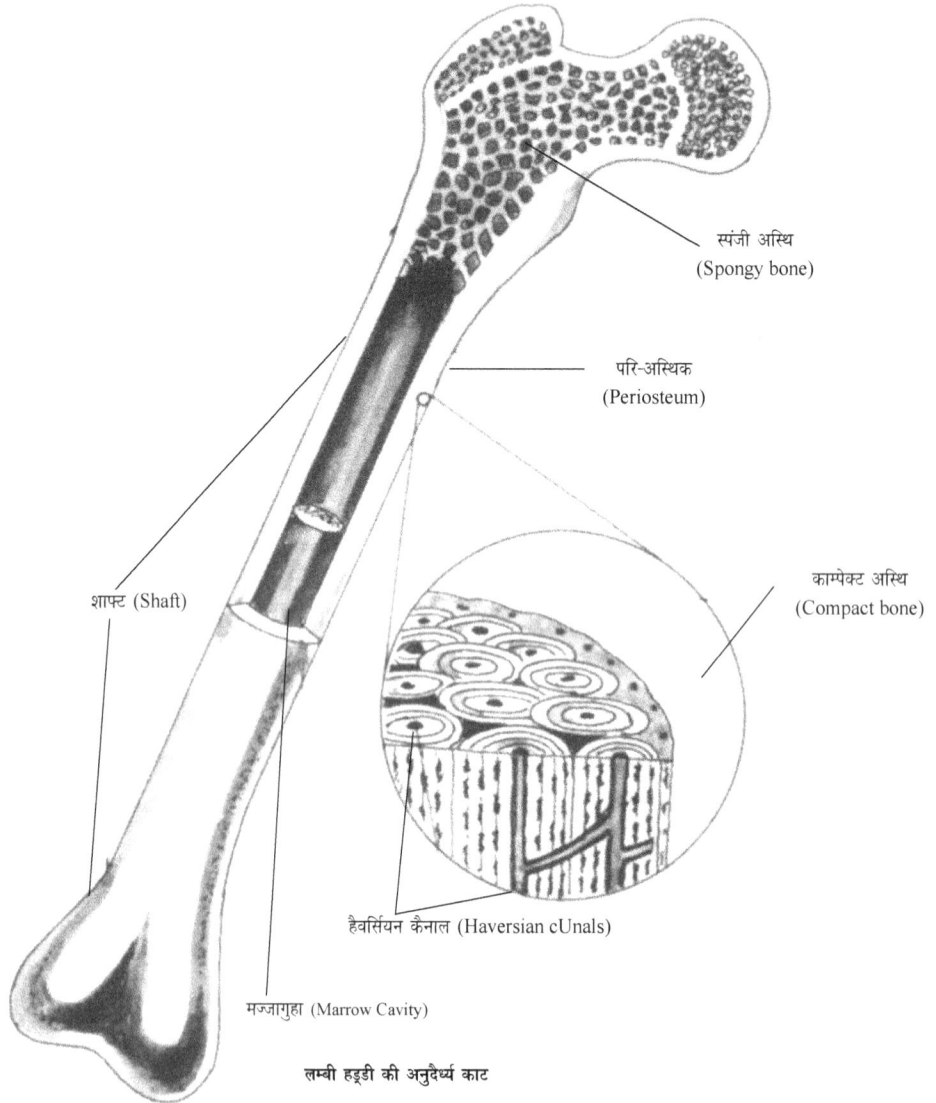

स्पंजी अस्थि
(Spongy bone)

परि-अस्थिक
(Periosteum)

काम्पेक्ट अस्थि
(Compact bone)

शाफ्ट (Shaft)

हैवर्सियन कैनाल (Haversian cUnals)

मज्जागुहा (Marrow Cavity)

लम्बी हड्डी की अनुदैर्घ्य काट

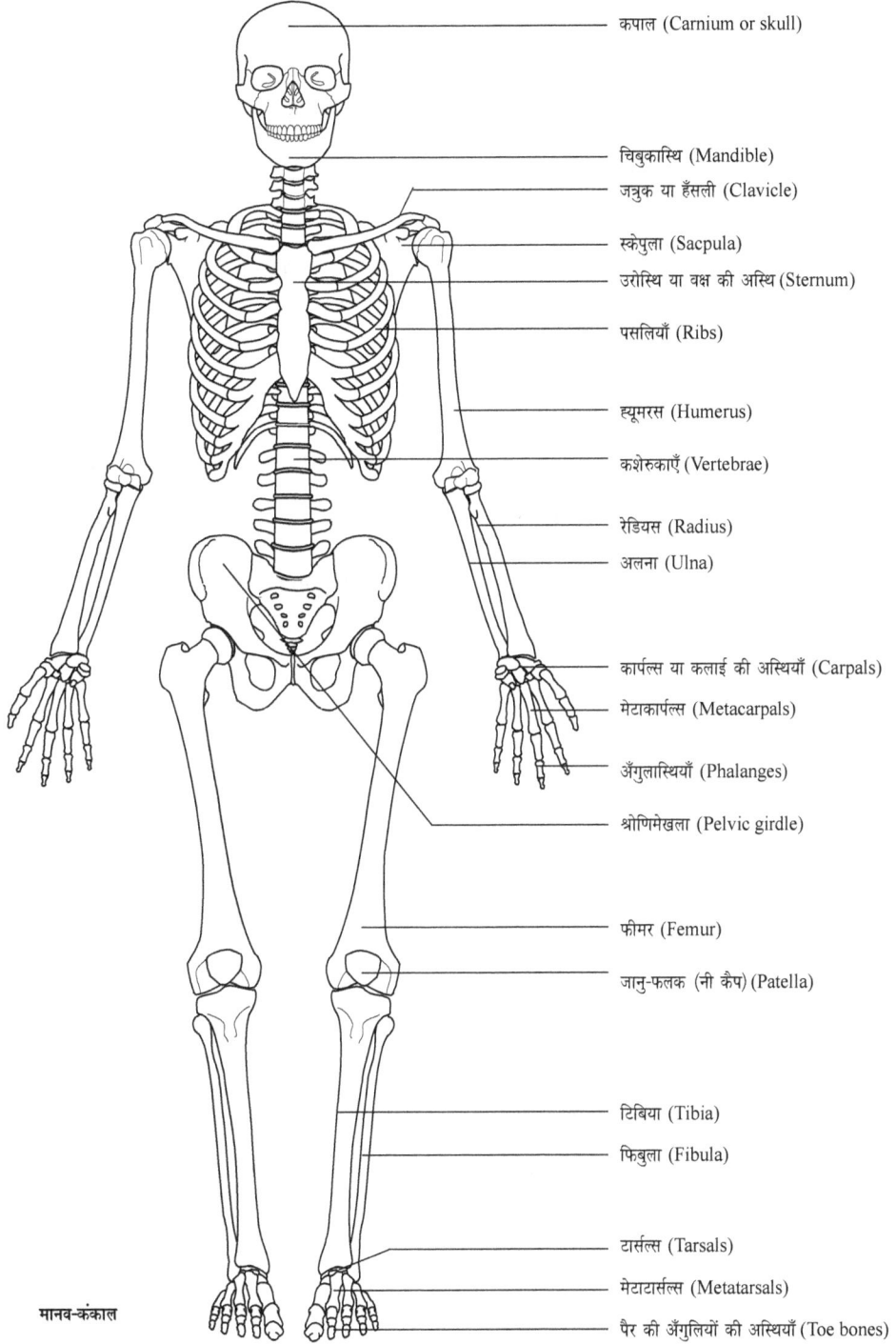

कपाल (Carnium or skull)

चिबुकास्थि (Mandible)

जत्रुक या हँसली (Clavicle)

स्केपुला (Sacpula)

उरोस्थि या वक्ष की अस्थि (Sternum)

पसलियाँ (Ribs)

ह्यूमरस (Humerus)

कशेरुकाएँ (Vertebrae)

रेडियस (Radius)

अलना (Ulna)

कार्पल्स या कलाई की अस्थियाँ (Carpals)

मेटाकार्पल्स (Metacarpals)

अँगुलास्थियाँ (Phalanges)

श्रोणिमेखला (Pelvic girdle)

फीमर (Femur)

जानु-फलक (नी कैप) (Patella)

टिबिया (Tibia)

फिबुला (Fibula)

टार्सल्स (Tarsals)

मेटाटार्सल्स (Metatarsals)

पैर की अँगुलियों की अस्थियाँ (Toe bones)

मानव-कंकाल

हमारा अस्थि-पंजर हृदय, फेफड़ों, मस्तिष्क आदि जैसे कोमल और महत्त्वपूर्ण अंगों की रक्षा करता है तथा माँसपेशियों को आधार प्रदान करता है। कंकाल साँस लेने वाले तथा सुनने वाले अंगों के निर्माण तथा उनके कार्य-सम्पादन में सहायक होता है।

जीवित अवस्था में अस्थि के चारों ओर एक पेरीओस्टियम झिल्ली होती है। सभी अस्थियाँ अन्दर से खोखली होती हैं। इनमें रक्तवाहिनियाँ होती हैं, जो हड्डियों को पोषक तत्त्व पहुँचाती हैं। आमतौर पर हड्डियाँ रेशेदार ऊतकों से ढकी रहती हैं। जोड़ों के आखिरी सिरे कार्टिलेज से ढके रहते हैं। एक हड्डी दूसरी हड्डी से लिगामेण्ट (Ligament) ऊतकों द्वारा जुड़ी होती है। माँसपेशियाँ टेण्डन (Tendon) नामक ऊतकों द्वारा हड्डियों से जुड़ी रहती हैं। कुछ हड्डियाँ लम्बी और बहुत मजबूत होती हैं तथा कुछ चपटी और मजबूत होती हैं। लम्बी हड्डियाँ कार्टिलेज से तथा चपटी हड्डियाँ झिल्ली से आरम्भ होती हैं। हड्डियाँ मुख्यतः कैल्शियम और फॉस्फोरस से बनी होती हैं। इनके अतिरिक्त भी इनमें कुछ दूसरे पदार्थ, जैसे—प्रोटीन, कोलागन आदि होते हैं।

लम्बी हड्डी की अनुदैर्ध्य काट (Section through a long bone)

- एपिफाइसिस (Epiphysis)
- मेटाफाइसिस (Metaphysis)
- परि-अस्थिक (Periosteum)
- कठोर, सघन अस्थि (Hard, dense bone)
- स्पंजी अस्थि (Spongy bone)
- मज्जागुहा (Marrow cavity)
- उपास्थि (Cartilage)

कुछ महत्त्वपूर्ण मानव-अस्थियाँ (Some important human bones)

- क्रेनियम या कपाल (Cranium or Skull)
- चिबुकास्थि (Mandible or Jawbone)
- जत्रुक या हँसली (Clavicle or Collarbone)
- स्केपुला (Scapula or Shoulder blade)
- उरोस्थि या वक्ष की अस्थि (Sternum or breast bone)
- पसलियाँ (Ribs)
- ह्यूमरस (Humerus)
- कशेरुकाएँ (Vertebrae) : इन अस्थियों के मिलने से रीढ़ रज्जु (Spinal cord) बनती है।
- रेडियस (Radius)
- अलना (Ulna)
- कार्पल्स या कलाई की अस्थियाँ (Carpals or Wrist bones)
- मेटाकार्पल्स (Metacarpals)
- अँगुलास्थियाँ तथा पैर की अँगुली की अस्थियाँ (Phalanges or finger bones and toe bones)
- श्रोणिमेखला (Pelvis or Pelvic girdle)
- फीमर या उरु अस्थि (Femur or Thighbone)
- जानु-फलक या नी कैप (Patella or knee cap)
- टिबिया (Tibia or Shinbone)
- फिबुला (Fibula)
- टार्सल्स (Tarsals)
- मेटाटार्सल्स

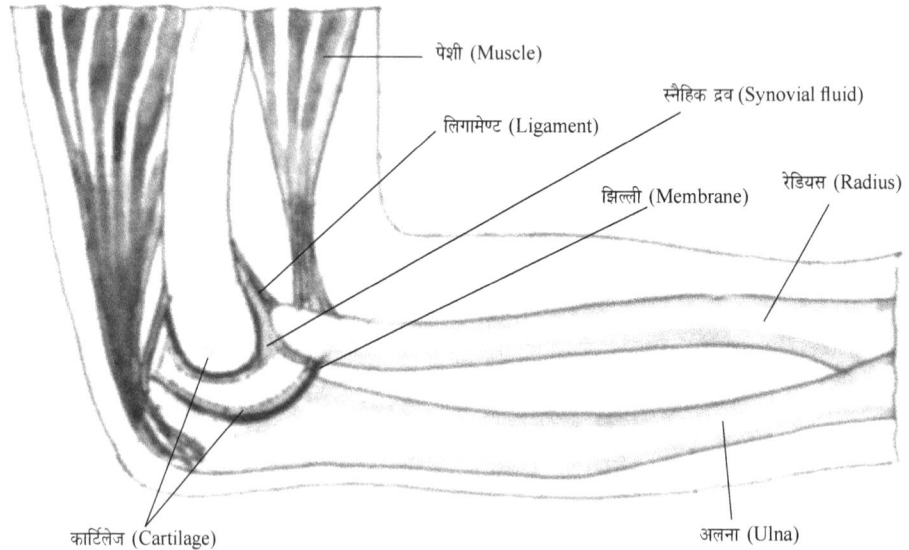

पेशी (Muscle)
लिगामेण्ट (Ligament)
स्नैहिक द्रव (Synovial fluid)
झिल्ली (Membrane)
रेडियस (Radius)
कार्टिलेज (Cartilage)
अलना (Ulna)

कोहनी का जोड़

104

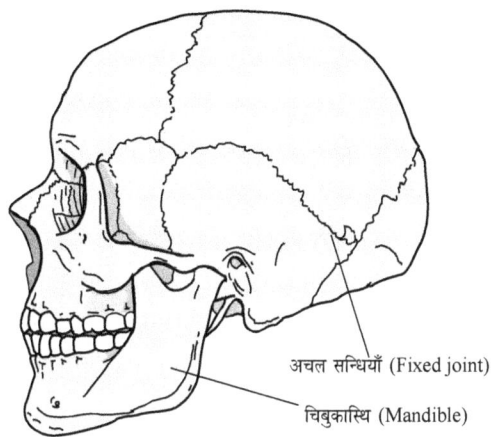

अचल सन्धियाँ (Fixed joint)
चिबुकास्थि (Mandible)

खोपड़ी की अचल सन्धियाँ

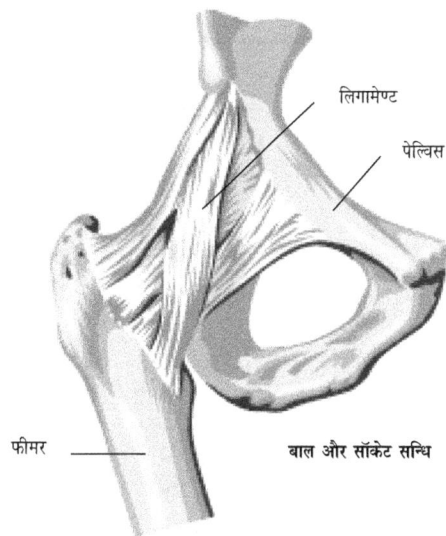

लिगामेण्ट
पेल्विस
फीमर
बाल और सॉकेट सन्धि

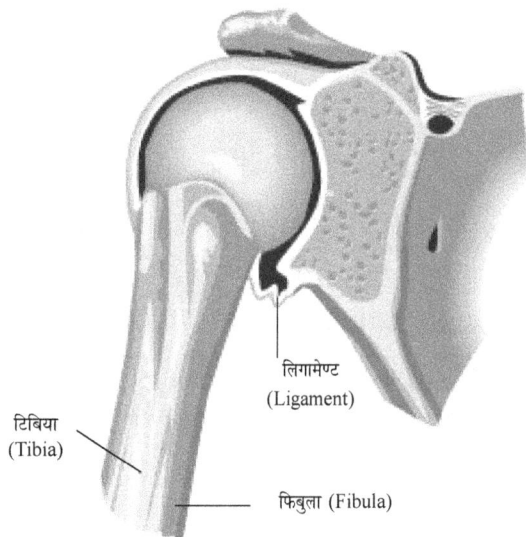

लिगामेण्ट (Ligament)
टिबिया (Tibia)
फिबुला (Fibula)

कब्जा सन्धि

सन्धियाँ (Joints)

शरीर में दो या दो से अधिक अस्थियाँ या उपास्थियाँ जहाँ मिलती हैं, उस स्थान को 'सन्धि या जोड़' कहते हैं। अधिकांश जोड़ किसी-न-किसी प्रकार की गति प्रदान करते हैं, लेकिन कुछ ऐसे भी हैं, जो गति प्रदान नहीं करते। मुख्य रूप से शरीर में तीन प्रकार की सन्धियाँ होती हैं— चल सन्धि (Movable Joint), विसर्पी सन्धि (Gliding Joint) तथा अचल सन्धि (Immovable Joint)।

चल सन्धि

इन जोड़ों द्वारा हम इच्छानुसार गति कर सकते हैं। सन्धि में मिलने वाली हड्डियों के सिरों पर उपास्थि (Cartilage) की टोपी चढ़ी होती है, जो गद्दे का काम करती है। ये सन्धियाँ कई प्रकार की होती हैं, जैसे— बॉल और सॉकेट सन्धि (Ball and Socket Joint), कब्जा सन्धि (Hinge Joint), कोनेदार सन्धि (Angular Joint) तथा धुरीय सन्धि (Pivot Joint)।

कन्धों तथा हिप पर बॉल और सॉकेट सन्धि होती हैं, जो दोनों ओर मुड़ते हैं। जैसे दरवाजे या बॉक्स के कब्जे होते हैं, वैसे ही शरीर में कब्जा सन्धि होती है, जैसे घुटना और कोहनी सन्धि। कुछ सन्धियाँ शरीर में धुरी का काम करती हैं, इन्हें धुरीय सन्धि कहते हैं। सभी सन्धियाँ अलग-अलग प्रकार की गति करती हैं।

विसर्पी सन्धि

इस जोड़ पर दो अस्थियाँ मुड़ती नहीं हैं, बल्कि एक-दूसरे पर फिसलती हैं। रीढ़ की हड्डी के कशेरुक विसर्पी सन्धि से ही जुड़े होते हैं। मानव के दोनों पैर बाईपेडल गति करते हैं।

अचल सन्धि

जैसा कि नाम से ही स्पष्ट है, इनमें किसी प्रकार की गति नहीं होती। दो अस्थियों के बीच में कार्टिलेज नहीं होता। दाँतों के जबड़े और खोपड़ी के जोड़ अचल सन्धि की श्रेणी में आते हैं। ये सन्धियाँ अचल रहती हैं। इनमें गति नहीं होती है।

❀❀❀

105

माँसपेशियाँ (Muscles)

माँसपेशियाँ शरीर के ऐसे माँसल ऊतक (Meaty Tissue) हैं, जो शारीरिक अंगों को गति प्रदान करते हैं।

शरीर की सभी गति-क्रियाएँ माँसपेशियों के संकुचन और फैलने के कारण होती हैं। मानवशरीर में लगभग 650 माँसपेशियाँ होती हैं। पुरुषों में उनके कुल भार का लगभग 42% वजन पेशियों का होता है। महिलाओं में उसके कुल भार का लगभग 36% वजन पेशियों की होती हैं।

माँसपेशियाँ तीन प्रकार की होती हैं– अरेखित या अनैच्छिक पेशियाँ (Unstriped or involuntary muscle), हृदयपेशियाँ (Cardiac muscle) और रेखित या ऐच्छिक पेशियाँ (Striped or voluntary muscle)। अधिकांश पेशियाँ तन्तुओं से बनी होती हैं।

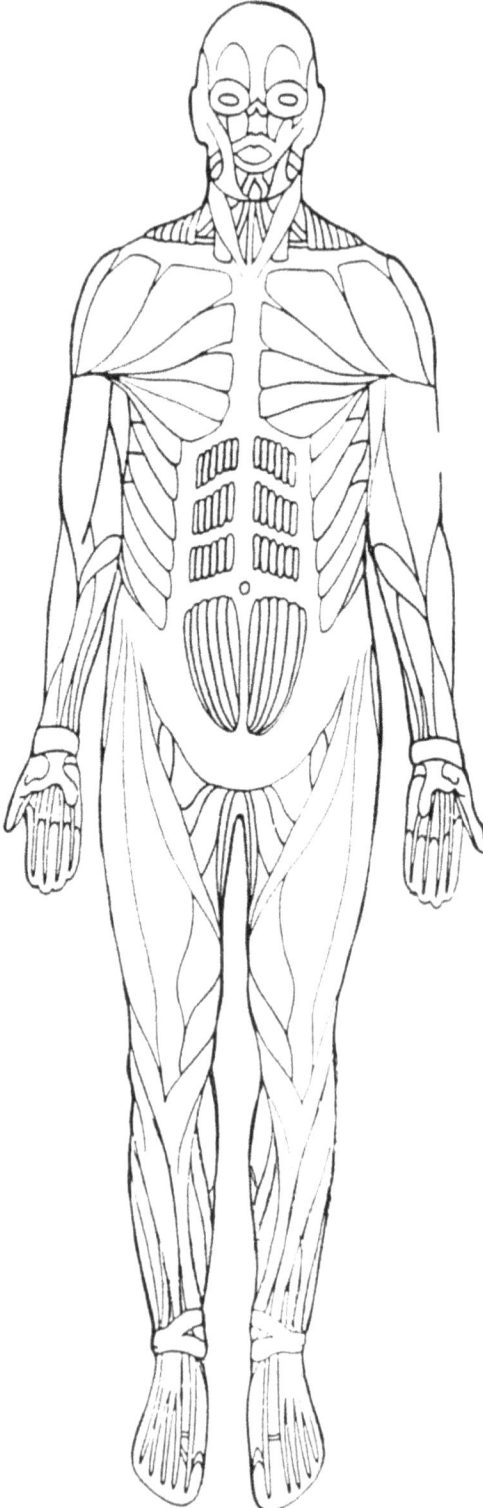

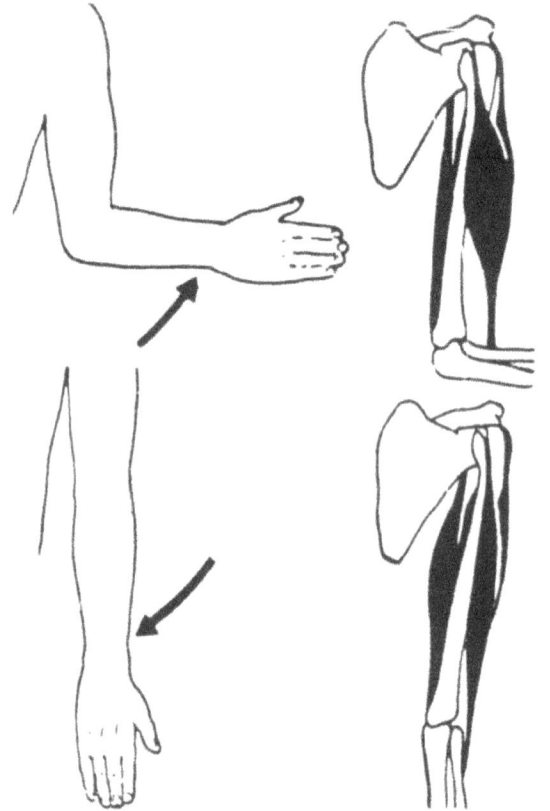

शरीर की सभी गति क्रियाएँ माँसपेशियों के संकुचन और फैलने के कारण होती हैं।

अरेखित या अनैच्छिक पेशियाँ : ये पेशियाँ स्वतः फैलती और सिकुड़ती रहती हैं। इनके ऊपर इच्छा का कोई प्रभाव नहीं पड़ता। इसलिए इन्हें अनैच्छिक पेशियाँ कहते हैं। ये मूत्राशय, आहार-नली तथा रक्तवाहिनियों आदि की दीवारों में पायी जाती हैं।

हृदयपेशियाँ : ये पेशियाँ हृदय की दीवारों में होती हैं। इनमें अरेखित तथा रेखित दोनों पेशियों के गुण पाये जाते हैं, परन्तु स्वभाव से ये अनैच्छिक होती हैं। ये पेशियाँ पूरे जीवन बिना रुके निरन्तर काम करती रहती हैं, जैसे हृदय सदा ही धड़कता रहता है।

रेखित या ऐच्छिक पेशियाँ : ये पेशियाँ हमारी इच्छानुसार सिकुड़ती हैं, इसलिए इन्हें ऐच्छिक पेशियाँ कहते हैं। ये अस्थियों में लगी रहती हैं और शरीर के समस्त हिलने-डुलने की क्रिया इन्हीं के द्वारा होती है। उदाहरण के लिए टाँगों की पेशियों द्वारा हम चलते-फिरते और दौड़ते हैं। हाथों की पेशियों द्वारा हम वस्तुओं को पकड़ते हैं तथा दूसरे काम करते हैं।

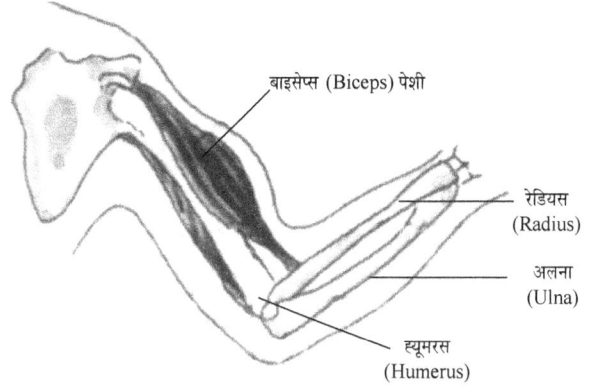

❋❋❋

पेशियाँ कण्डरा (Tendon) द्वारा अस्थियों से जुड़ी रहती हैं।

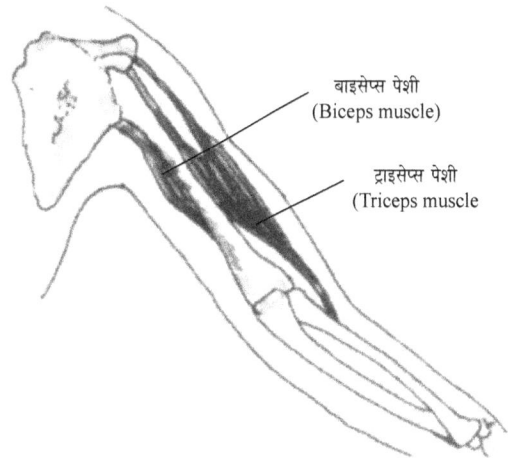

पेशियों का कार्य

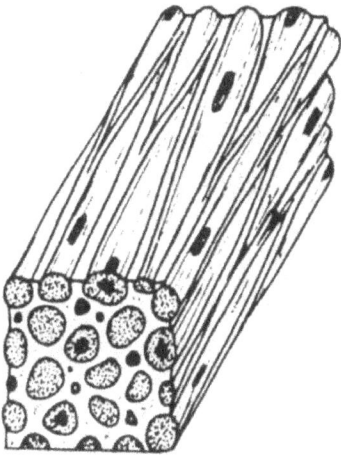

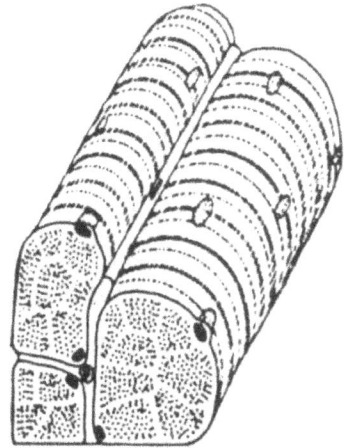

अनैच्छिक पेशी (Involuntary muscle)   हृदपेशियाँ (Cardiac muscles)   ऐच्छिक पेशी (Voluntary muscle)

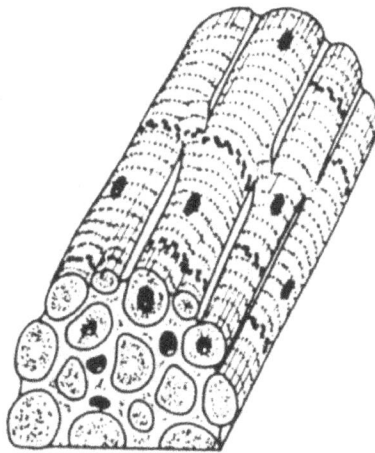

107

रक्त की संरचना (Structure of Blood)

रक्त लाल रंग का चिपचिपा तरल है, जो हमारे शरीर द्वारा काम करने के लिए कोशिकाओं को भोजन और ऑक्सीजन देता है। एक स्वस्थ मनुष्य के शरीर में लगभग 5 लीटर रक्त होता है। मानव रक्त में प्लाज़्मा (Plasma) तथा रक्त कणिकाएँ (Blood Corpuscles) होती हैं। प्लाज़्मा हल्के पीले रंग का द्रव होता है, जिसमें लगभग 92% पानी तथा 8% प्रोटीन, चीनी, लवण और दूसरे पदार्थ होते हैं। इसमें तीन प्रकार की रक्त कणिकाएँ होती हैं– लाल रक्त कणिकाएँ (Red Blood Corpuscles), श्वेत रक्त कणिकाएँ (White Blood Corpuscles) तथा प्लेटलेट्स (Platelets)।

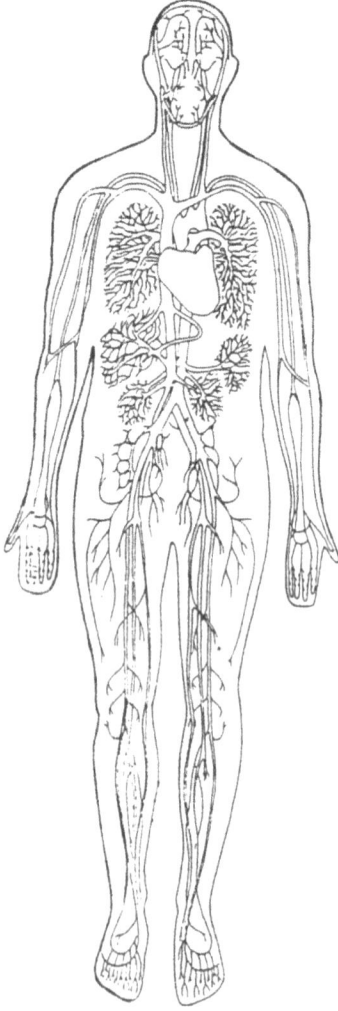

मनुष्य के शरीर में लगभग 5 लीटर रक्त होता है।

लाल रक्त कणिकाएँ या एरिथ्रोसाइट्स (Erythrocytes) चपटी, गोल तथा दोनों ओर से बीच में दबी हुई (Biconcave) होती हैं। इनमें नाभिक (Nuclei) नहीं होता। लाल रक्त कणिकाओं में एक लौहयुक्त प्रोटीन पाया जाता है, जिसे हिमोग्लोबिन कहते हैं। इसी के कारण रक्त का रंग लाल होता है। हिमोग्लोबिन ऑक्सीजन को शोषित करके ऑक्सीहिमोग्लोबिन नामक अस्थायी पदार्थ बनाता है, जो विखण्डित होकर ऑक्सीजन को मुक्त करता है। यही ऑक्सीजन शरीर के विभिन्न भागों में पहुँचती है। इनका जीवनकाल 50 से 120 दिन तक होता है। इनका आकार 0.007 मि.मी. होता है। इनका निर्माण बोन मेरो में होता है। एक घन मिलीमीटर में लगभग 50 लाख लाल रक्त कण होते हैं।

श्वेत रक्त कणिकाएँ या ल्यूकोसाइट्स कई प्रकार की होती हैं। ये आकार में लाल रक्त कणिकाओं से बड़ी होती हैं, लेकिन इनकी संख्या उनकी तुलना में कम होती है। एक घन मिलीमीटर में इनकी संख्या 5 से 10 हजार होती है। इनमें नाभिक होता है। हिमोग्लोबिन न होने के कारण इनका रंग सफेद होता है। जब कभी शरीर के किसी हिस्से में बाहरी हानिकारक जीवाणुओं का हमला होने लगता है, तो वहाँ पर भारी संख्या में श्वेत कणिकाएँ पहुँचकर जीवाणुओं से लड़ना शुरू कर देती हैं और उन्हें मार कर खा जाती हैं। इसके अलावा ये शरीर के घायल हिस्सों की अन्य टूटी-फूटी कोशिकाओं को खाकर उस हिस्से को साफ करती हैं, ताकि ये कोशिकाएँ शरीर में रोग न फैला पायें। जीवाणु एक प्रकार का विषैला पदार्थ भी पैदा करते हैं, जो शरीर के लिए बहुत हानिकारक होता है। श्वेत कणिकाएँ रक्त के कुछ विशेष प्रोटीन को प्रतिरक्षी या एण्टीबॉडीज़ (Antibodies) में बदल देती हैं। प्रतिरक्षी से जीवाणुओं द्वारा उत्पन्न विष निष्क्रिय हो जाता है। इस प्रकार ये रोगों से शरीर की रक्षा करती हैं। ये घाव को भरने में भी मदद करती हैं। इसके अलावा ये कभी-कभी आवश्यकता पड़ने पर खाद्य पदार्थों को भी शरीर में एक स्थान से दूसरे स्थान तक पहुँचाती हैं।

रक्त प्लेटलेट्स या थ्राम्बोसाइट्स का आकार 0.002 मि.मी. से 0.004 मि.मी. तक होता है। एक घन मिलीमीटर में इनकी संख्या 1,50,000 से 4,00,000 तक होती है। इनमें नाभिक नहीं होता।

इनका कार्य शरीर के कट जाने पर रक्त बहाव को रोकना है, ताकि शरीर से रक्त की मात्रा कम न हो। जिन लोगों के रक्त में प्लेटलेट्स की संख्या कम होती है, उनका रक्त बहना बहुत देर तक नहीं रुक पाता। ऐसे व्यक्तियों को हीमोफीलिया रोग से पीड़ित कहते हैं।

रुधिर वर्ग (Blood Group)

जब कभी किसी घायल या रोगी मनुष्य के शरीर में रक्त की कमी हो जाती है, तो उसके शरीर में अन्य व्यक्ति का रक्त चढ़ाया जाता है, जिससे उसका जीवन बचाया जा सके। लेकिन किसी भी व्यक्ति का रक्त किसी भी रोगी को नहीं दिया जा सकता। इसके लिए रक्त वर्ग मिलाना होता है। सर्वप्रथम कार्ल लैण्ड स्टाइनर (Karl Land Steainer) ने सन् 1931 में मनुष्य के रक्त को तीन वर्गों में बाँटा था। इनके बाद डी-कैस्टीलो (De-Castello) तथा स्टूलरी (Stulri) ने मनुष्य के रक्त में चौथे वर्ग का भी पता लगाया। अब मनुष्य के रक्त को चार वर्गों में बाँटा गया है। ये हैं– रुधिर वर्ग A, रुधिर वर्ग B, रुधिर वर्ग AB तथा रुधिर वर्ग O।

रुधिर वर्गों की भिन्नता लाल कणिकाओं (RBC) में मौजूद एक विशेष पदार्थ के कारण होती है, जिसे एण्टीजन (Antigen) कहते हैं। एण्टीजन दो प्रकार के होते हैं– 'एण्टीजन A' और 'एण्टीजन B'। रक्त प्लाज़्मा (Blood Plasma) में एण्टीबॉडी या प्रतिरक्षी (Antibody) 'a' तथा एण्टीबॉडी 'b', दो महत्त्वपूर्ण पदार्थ पाये जाते हैं। एण्टीजन A तथा एण्टीबॉडी b वाले रक्त (वर्ग A) को एण्टीजन B तथा एण्टीबॉडी a (वर्ग B) के साथ मिलने पर दोनों की लाल रक्त कणिकाएँ आपस में चिपक जाती हैं, लेकिन एण्टीजन A के साथ एण्टीबॉडी b तथा एण्टीजन B के साथ एण्टीबॉडी a मिलाने पर रक्त कणिकाएँ आपस में नहीं चिपकतीं।

चारों वर्गों के साथ एण्टीबॉडी का वितरण

रुधिर वर्ग	एण्टीजन (RBC में)	एण्टीबॉडी (रक्त प्लाज़्मा में)
A	केवल A	केवल b
B	केवल B	केवल a
AB	A B दोनों	कोई नहीं
O	कोई नहीं	a b दोनों

इन रक्त समूहों में O वर्ग किसी भी रोगी को दिया जा सकता है तथा AB वर्ग का रोगी किसी भी वर्ग का रक्त ले सकता है। इनके अतिरिक्त रक्त में Rh फैक्टर भी होता है। रक्त चढ़ाते समय इसका भी ध्यान रखना पड़ता है। Rh नेगेटिव वाली महिलाओं को सन्तान पैदा करने में परेशानी होती है।

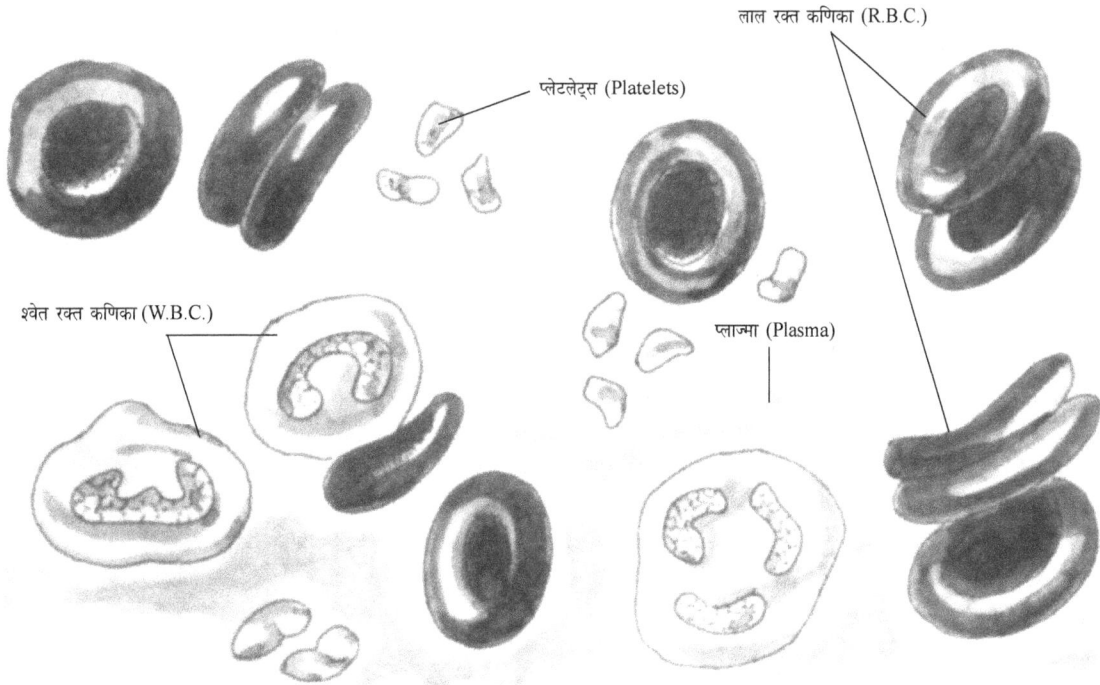

रक्त में श्वेत और लाल कणिकाएँ तथा प्लेटलेट्स प्लाज्मा में तैरती रहती हैं।

परिसंचरण-तन्त्र (Circulatory System)

परिसंचरण-तन्त्र का अर्थ है- रक्त का समस्त शरीर में परिभ्रमण। मानव के परिसंचरण-तन्त्र में रक्त नलिकाएँ (Blood vessels) तथा हृदय मुख्य रूप से कार्य करते हैं। हृदय एक पेशीय अंग है, जिसका वजन लगभग 280 ग्राम होता है। हृदय एक पम्प की तरह काम करता है। हृदय से 'रक्त' धमनियों द्वारा शरीर के विभिन्न भागों को जाता है तथा वहाँ से शिराओं के द्वारा हृदय में वापस आता है। इस प्रकार 'रक्त' हृदय, धमनियों और शिराओं द्वारा पूरे शरीर में जीवनभर लगातार भ्रमण करता रहता है।

रक्त नलिकाएँ (Blood vessels)

धमनियाँ (Arteries) : ये हृदय से शुद्ध रक्त को शरीर के विभिन्न अंगों तक ले जाने का कार्य करती हैं।

शिराएँ (Veins) : ये शरीर के विभिन्न अंगों से अशुद्ध रक्त को हृदय में वापस लाती हैं।

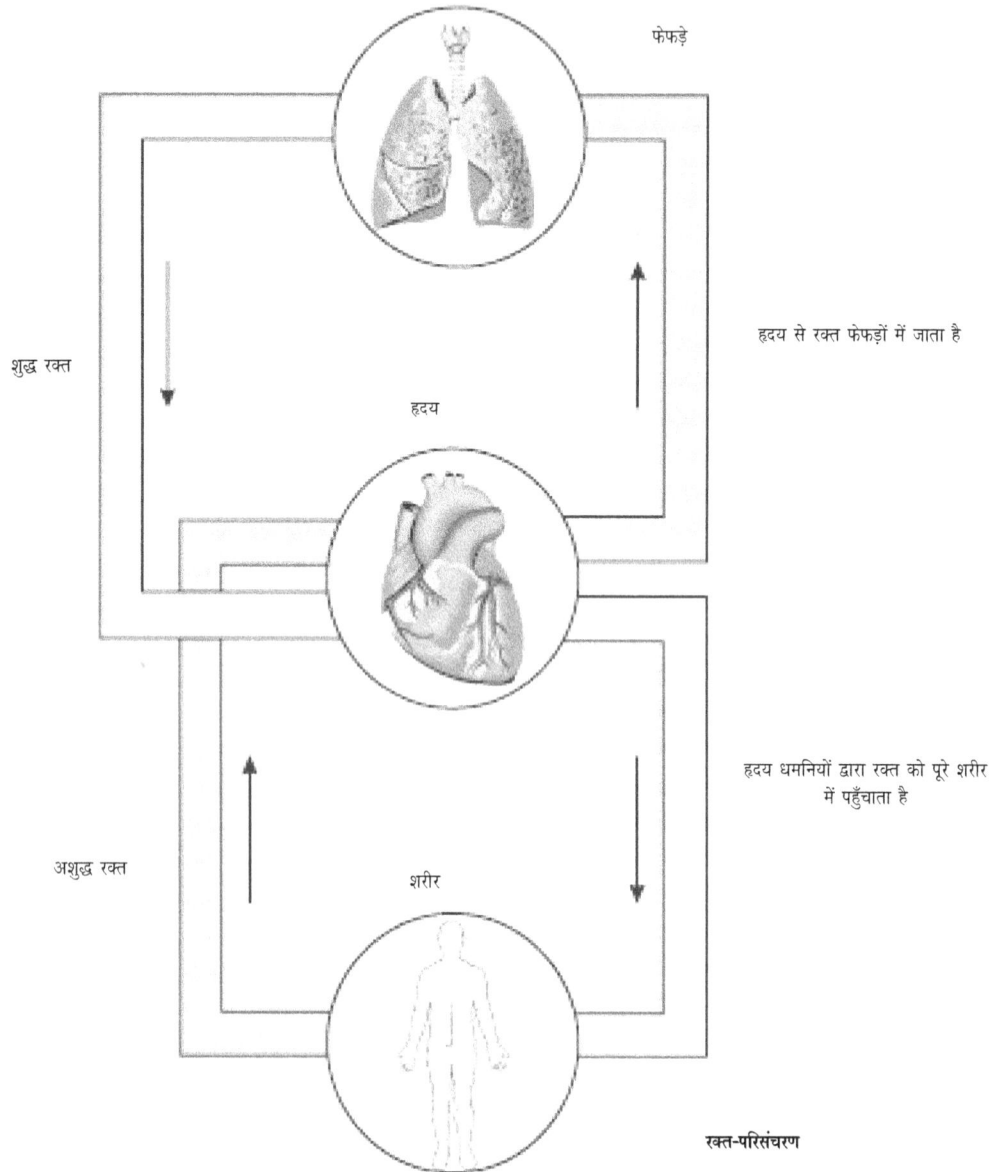

फेफड़े

हृदय से रक्त फेफड़ों में जाता है

शुद्ध रक्त

हृदय

हृदय धमनियों द्वारा रक्त को पूरे शरीर में पहुँचाता है

अशुद्ध रक्त

शरीर

रक्त-परिसंचरण

परिसंचरण (Circulation) : शुद्ध या ऑक्सीजनयुक्त (Oxygenated) रक्त फेफड़ों से हृदय में आता है। हृदय पम्पिंग क्रिया द्वारा इस रक्त को धमनियों के द्वारा पूरे शरीर में पहुँचाता है। शरीर के रक्त में मिला ऑक्सीजन प्रयोग हो जाता है और अशुद्ध या ऑक्सीजनरहित (Deoxygenated) रक्त शिराओं द्वारा फिर हृदय की ओर आता है। हृदय इस रक्त को ऑक्सीजन प्राप्त करने के लिए फिर फेफड़ों में भेजता है। इस प्रकार यह चक्र निरन्तर चलता रहता है।

केशिका तन्त्र (Capillary Network) : मुख्य धमनी शरीर के विभिन्न भागों में जाकर पतली-पतली शाखाओं में बँट जाती है। ये शाखाएँ आगे और भी पतली-पतली शाखाओं में जाल की तरह बँट

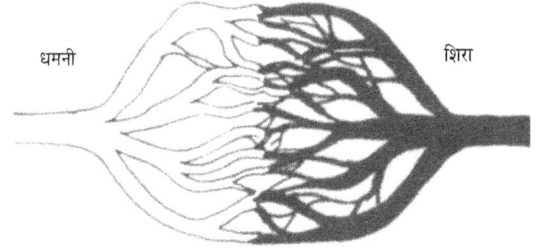

धमनी और शिरा के बीच सम्बन्ध

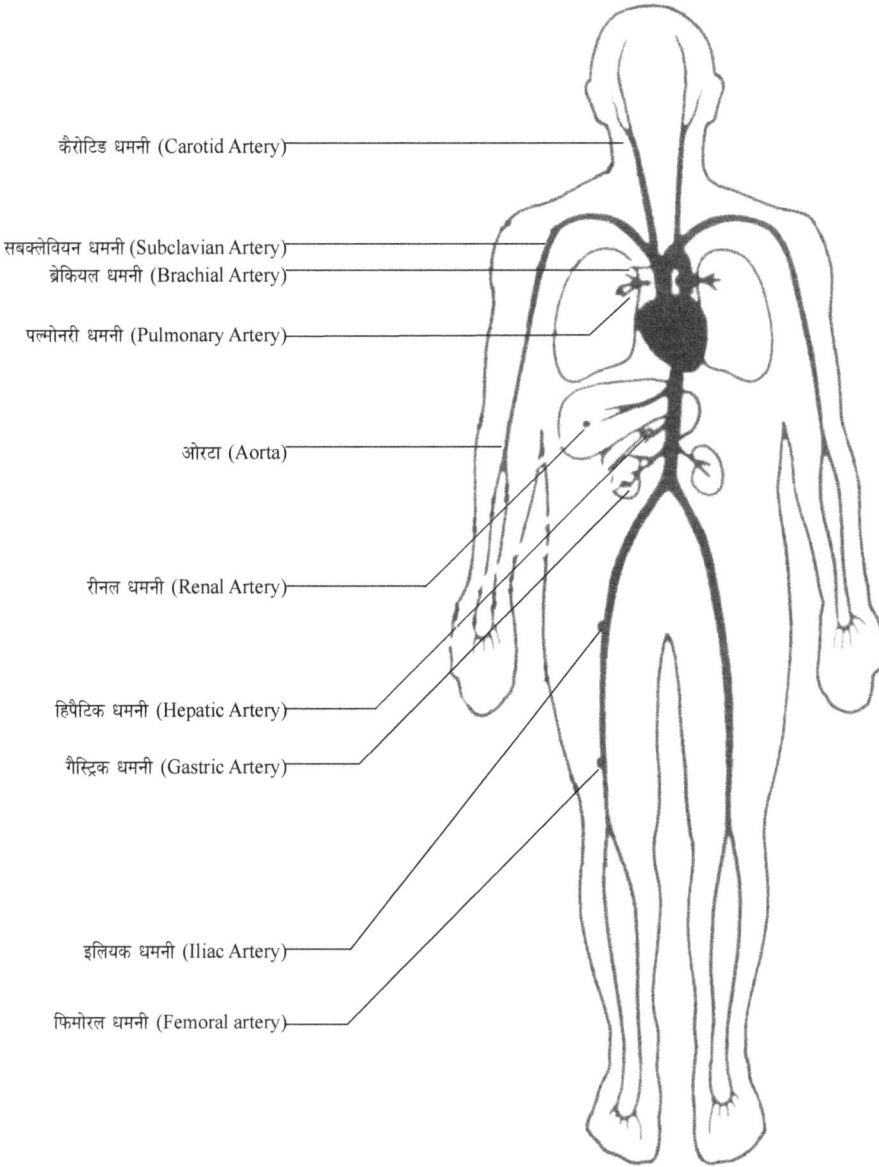

कैरोटिड धमनी (Carotid Artery)

सबक्लेवियन धमनी (Subclavian Artery)

ब्रेकियल धमनी (Brachial Artery)

पल्मोनरी धमनी (Pulmonary Artery)

ओरटा (Aorta)

रीनल धमनी (Renal Artery)

हिपैटिक धमनी (Hepatic Artery)

गैस्ट्रिक धमनी (Gastric Artery)

इलियक धमनी (Iliac Artery)

फिमोरल धमनी (Femoral artery)

मनुष्य का धमनी-तन्त्र

111

जाती हैं। इन्हें धमनी केशिकाएँ (Arterial capillaries) कहते हैं। धमनी केशिकाओं का जाल शिरा केशिकाओं (Venal capillaries) में बदल जाता है। शिरा कोशिकाएँ एक-दूसरे से मिलकर शिरकाएँ (Venules) बनाती हैं तथा शिरकाएँ आपस में मिलकर मुख्य शिरा का निर्माण करती हैं। रक्त-परिभ्रमण तन्त्र में शिरकाओं, शिराओं, हृदय धमनियों, धमनिकाओं (Arteriole), धमनी केशिकाओं और शिरा केशिकाओं की नलियों का बन्द चक्र है, जिसमें रक्त सदैव ही प्रवाहित होता रहता है। शरीररूपी नाव को चलाने में हृदय, धमनियों तथा शिराओं का अपना विशेष कार्य है।

कुछ महत्त्वपूर्ण धमनियाँ (Arteries)

- कैरोटिड धमनी (Carotid Artery) : सिर को
- सबक्लेवियन धमनी (Subclavian Artery) : बाजू को
- पल्मोनरी धमनी (Pulmonary Artery) : फेफड़ों को
- ओरटा (Aorta) : हृदय से पूरे शरीर के लिए
- रीनल धमनी (Renal Artery) : वृक्क को
- हिपैटिक धमनी (Hepatic Artery) : यकृत को
- गैस्ट्रिक धमनी (Gastric Artery) : आमाशय को
- इलियक धमनी (Iliac Artery) : टाँग को
- फिमोरल धमनी (Femoral Artery) : टाँग को

कुछ महत्त्वपूर्ण शिराएँ (Veins)

- जुगुलर शिरा (Jugular Vein) : सिर से
- सबक्लेवियन शिरा : बाजू से
- ब्रेकियल शिरा : आस्तीन (हाथ) से
- पल्मोनरी शिरा : फेफड़े से
- वेना केवा (Vena Cava) : शरीर से हृदय को
- रीनल शिरा : वृक्क से
- हिपैटिक शिरा : यकृत से
- हिपैटिक पोर्टल शिरा (Hepatic Portal Vein) : आँतों से यकृत को
- इलियक शिरा : टाँग से
- फिमोरल शिरा : टाँग में

❁❁❁

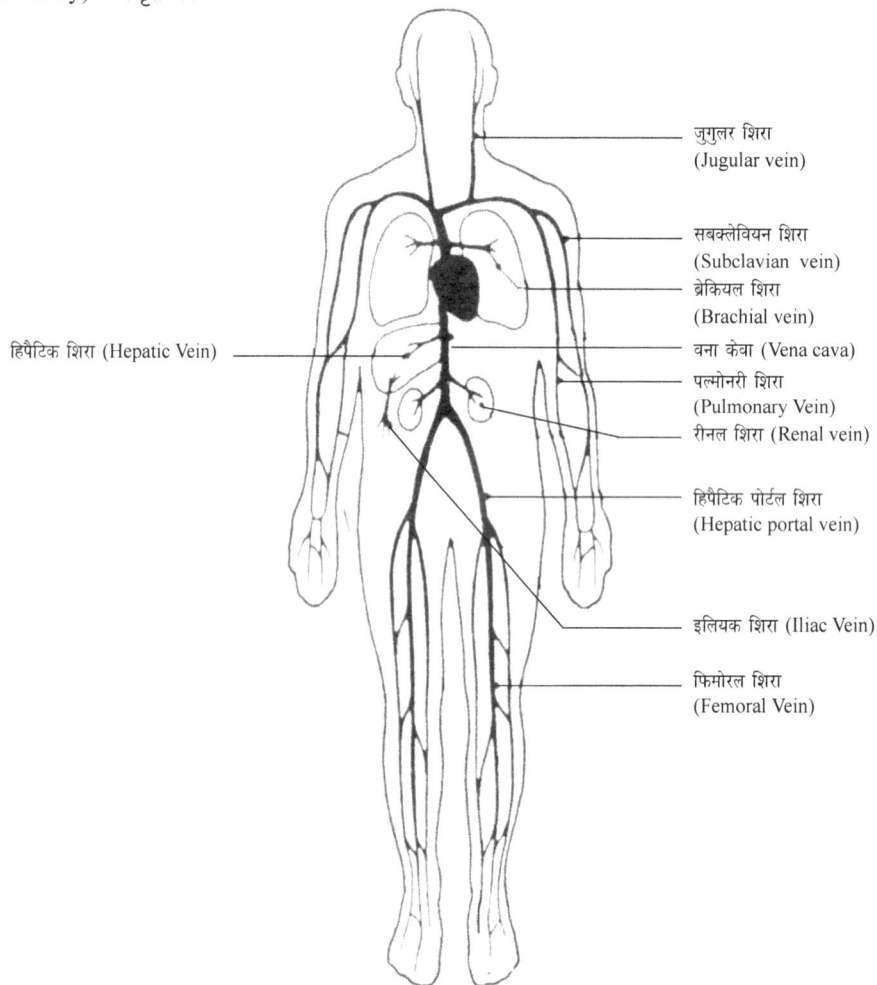

मनुष्य का शिरा-तन्त्र

हृदय (Heart)

हृदय हमारे शरीर का एक अत्यन्त महत्त्वपूर्ण अंग है, जो वक्ष में बायीं ओर स्थित होता है। बन्द मुट्ठी के आकार के हृदय का भार लगभग 300 ग्राम होता है। इसके दोनों ओर दो फेफड़े होते हैं। हृदय पर झिल्ली का बना एक आवरण होता है, जिसे पेरीकार्डियम (Pericardium) कहते हैं। इसकी दो परतें होती हैं— एक परत हृदय के सम्पर्क में रहती है और दूसरी इसके बाहर होती है। हृदय वास्तव में एक माँसपेशी है, जिसके अन्दर रक्त भरा रहता है। इस भाग को मायोकार्डियम (Myocardium) कहते हैं। इसके अन्दर की परत जो रक्त के सम्पर्क में रहती है, एण्डोकार्डियम (Endocardium) कहलाती है।

हृदय एक खोखला अंग है, जो चार कोष्ठों (Chambers) में बँटा होता है। दो कोष्ठ दाहिनी ओर होते हैं, जिनके बीच में एक परदा (Septum) होता है, जो दाहिने और बायें ओर के रक्त को मिलने

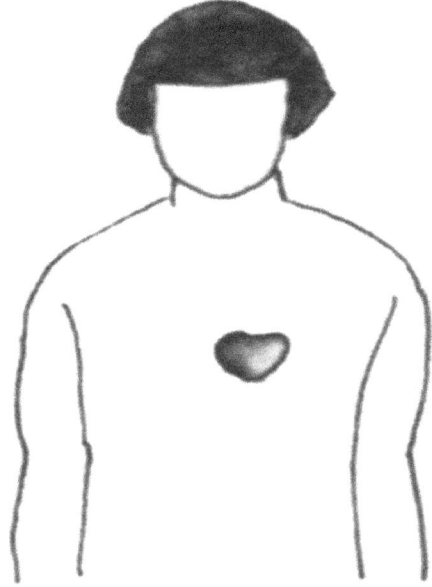

हृदय का आकार आपकी मुट्ठी के बराबर होता है।

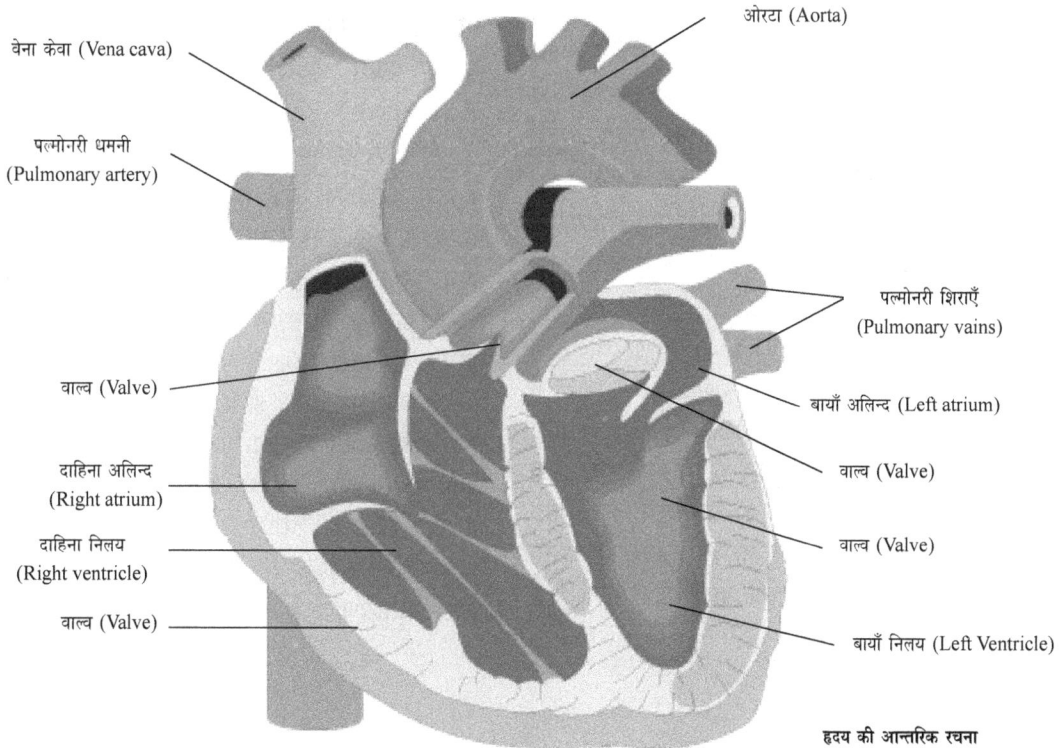

वेना केवा (Vena cava)

पल्मोनरी धमनी (Pulmonary artery)

ओरटा (Aorta)

पल्मोनरी शिराएँ (Pulmonary vains)

वाल्व (Valve)

बायाँ अलिन्द (Left atrium)

दाहिना अलिन्द (Right atrium)

वाल्व (Valve)

दाहिना निलय (Right ventricle)

वाल्व (Valve)

वाल्व (Valve)

बायाँ निलय (Left Ventricle)

हृदय की आन्तरिक रचना

113

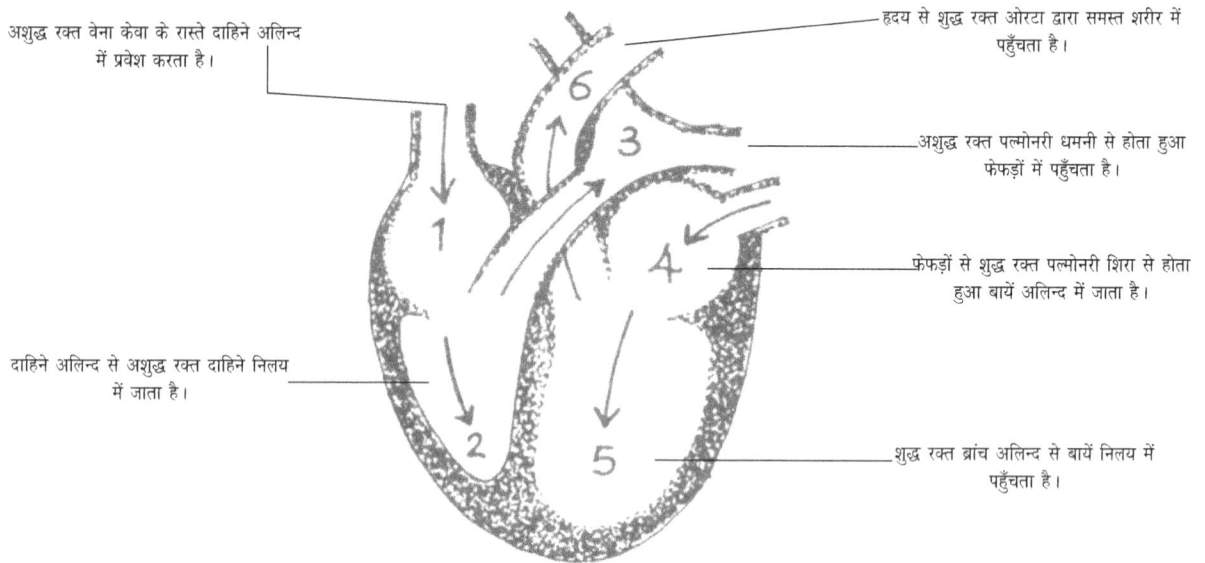

अशुद्ध रक्त वेना केवा के रास्ते दाहिने अलिन्द में प्रवेश करता है।

हृदय से शुद्ध रक्त ओरटा द्वारा समस्त शरीर में पहुँचता है।

अशुद्ध रक्त पल्मोनरी धमनी से होता हुआ फेफड़ों में पहुँचता है।

फेफड़ों से शुद्ध रक्त पल्मोनरी शिरा से होता हुआ बायें अलिन्द में जाता है।

दाहिने अलिन्द से अशुद्ध रक्त दाहिने निलय में जाता है।

शुद्ध रक्त ब्रांच अलिन्द से बायें निलय में पहुँचता है।

हृदय द्वारा शुद्ध रक्त समस्त शरीर में पहुँचता है।

नहीं देता। ऊपर का कोष्ठ अलिन्द (Atrium) और नीचे का निलय (Ventricle) कहलाता है। इस प्रकार दोनों तरफ दो-दो कोष्ठ होते हैं—दाहिना अलिन्द (Right atrium) और निलय (Ventricle) तथा बायाँ अलिन्द (Left atrium) और निलय। अलिन्द और निलय के बीच में बड़े-बड़े छेद होते हैं, जिनमें वाल्व (Valve) लगे होते हैं। ये केवल एक ही दिशा में निलय की ओर खुलते हैं। इनसे रक्त अलिन्द से निलय में तो जा सकता है, लेकिन निलय से अलिन्द में वापस नहीं आ सकता। ये वाल्व बन्द होकर उसके जाने का मार्ग रोक लेते हैं।

हृदय एक पम्प की तरह काम करता है और समस्त शरीर में रक्त को भेजता है। इसकी दो साइडें एक साथ काम करती हैं। एक ओर से इसमें महाशिरा (Vena Cava) और पल्मोनरी धमनियों द्वारा रक्त आता है, जो हृदय के ऊपरी कोष्ठ अलिन्द (Atrium) में एकत्र हो जाता है। रक्त अलिन्द से निलय (Ventricle) में जाता है और दाहिने निलय से पल्मोनरी धमनी (Pulmonary Artery) द्वारा फेफड़ों में पहुँचता है। फेफड़ों में ऑक्सीजन के मिलने से वह शुद्ध होकर पल्मोनरी शिराओं से होता हुआ बायें अलिन्द में लौट आता है। जब वह अलिन्द से निलय में जाता है, तो वह उसको महाधमनी (Aorta) में भेज देता है। वहाँ से यह अपनी शाखाओं (धमनियों) द्वारा उसको समस्त शरीर में पहुँचाती है।

हृदय-धड़कन (Heart Beats)

शरीर में रक्त-संचार की प्रक्रिया हृदय की पम्पिंग या धड़कन द्वारा सम्पन्न होती है। प्रत्येक धड़कन की तीन अवस्थाएँ होती हैं : दो अलिन्दों का संकुचन (Contraction of Two Atriums), दो निलयों का संकुचन (Contraction of two Ventricles) तथा विश्राम काल (Rest Period)।

हृदय की धड़कन को 'हार्ट बीट' कहते हैं। एक बार की धड़कन में एक कार्डिअक चक्र (Cardiac Cycle) पूरा हो जाता है। वक्ष पर बायीं ओर कान लगाकर या स्टेथोस्कोप (Stethoscope) रखकर हृदय की धड़कन सुनी जा सकती है। नवजात शिशु के हृदय की धड़कन प्रति मिनट लगभग 140 बार होती है। दस वर्ष के बच्चे का हृदय एक मिनट में 90 बार धड़कता है। पुरुष के हृदय की धड़कन 70-72 बार प्रति मिनट होती है। स्त्री का हृदय एक मिनट में 78-82 बार धड़कता है। व्यायाम करते समय हृदय की धड़कन प्रति मिनट 140 से 180 बार तक हो जाती है। हृदय की धड़कन अपने आप ही होती रहती है। इस पर मस्तिष्क का कोई नियन्त्रण नहीं होता। हृदय की धड़कन का नियन्त्रण पेस-मेकर करता है। पेस-मेकर एक इलेक्ट्रिकल प्रणाली है जो हृदय की धड़कनों का नियन्त्रण करता है।

✵✵✵

114

त्वचा (Skin)

हमारे शरीर का बाहरी आवरण त्वचा कहलाता है। यह शरीर का सबसे बड़ा अंग है। हमारी त्वचा आन्तरिक अंगों की रक्षा करती है। त्वचा पर स्पर्श संवेदी तन्त्रिकाओं का जाल होता है। जिनसे त्वचा पर होने वाली प्रत्येक घटना की सूचना निरन्तर मस्तिष्क को पहुँचती रहती है। शरीर के तापमान का नियमन (Regulation of Temperature) भी त्वचा द्वारा ही होता है। श्वसन क्रिया में त्वचा फेफड़ों की भी सहायता करती है। त्वचा द्वारा शरीर के अपशिष्ट पदार्थ पसीने के रूप में शरीर से बाहर निकलते रहते हैं।

त्वचा की संरचना

एपिडर्मिस (Epidermis) : यह त्वचा की बाहरी परत है, जिसके ऊपरी स्तर में मृत कोशिकाएँ होती हैं और नीचे जीवित कोशिकाएँ। इसमें रक्तवाहिनियाँ नहीं होतीं।

डर्मिस (Dermis) : इस स्तर में तन्त्रिकाओं की शाखाएँ फैली होती हैं।

त्वग्वसा ग्रन्थि (Sebaceous or grease gland) : इसमें एक विशेष प्रकार का वसामय पदार्थ (Sebum) बनता है, जो बालों की जड़ों को चिकना रखता है।

उपत्वचीय वसा (Subcutaneous fat) : यह त्वचा की रक्षा करती है।

इरेक्टर पेशी (Erector muscle) : यह बालों को खड़ा रखती है।

रक्तवाहिनियाँ (Blood Vessel) : त्वचा के सम्पर्क में आने वाली हवा में से रक्तवाहिनियों का रक्त ऑक्सीजन सोख लेता है।

स्वेद ग्रन्थियाँ (Sweat Glands) : इनमें स्वेद या पसीना बनता है, जो शरीर के अपशिष्ट पदार्थों को बाहर निकालता है।

मैल्पिजियन स्तर (Malphigian Layer) : यह एक रंगीन पदार्थ (Pigment) उत्पन्न करता है, जो मेलानिन (Melanin) कहलाता है। त्वचा का रंग इसी पदार्थ के कारण होता है।

मानवशरीर की त्वचा की मोटाई 0.05 से 0.65 से.मी. होती है। यह मोटाई पलकों पर सबसे कम तथा तलुओं पर सबसे अधिक होती है। त्वचा में अत्यन्त सूक्ष्म छिद्र होते हैं। इन्हें संक्रमण से रोकने के लिए स्वच्छ रखना अति आवश्यक है। त्वचा के निम्नलिखित कार्य हैं—

- शरीर की रक्षा करना
- शरीर तापमान नियन्त्रण
- पसीना निकालना
- शरीर को कवर प्रदान करना

❀❀❀

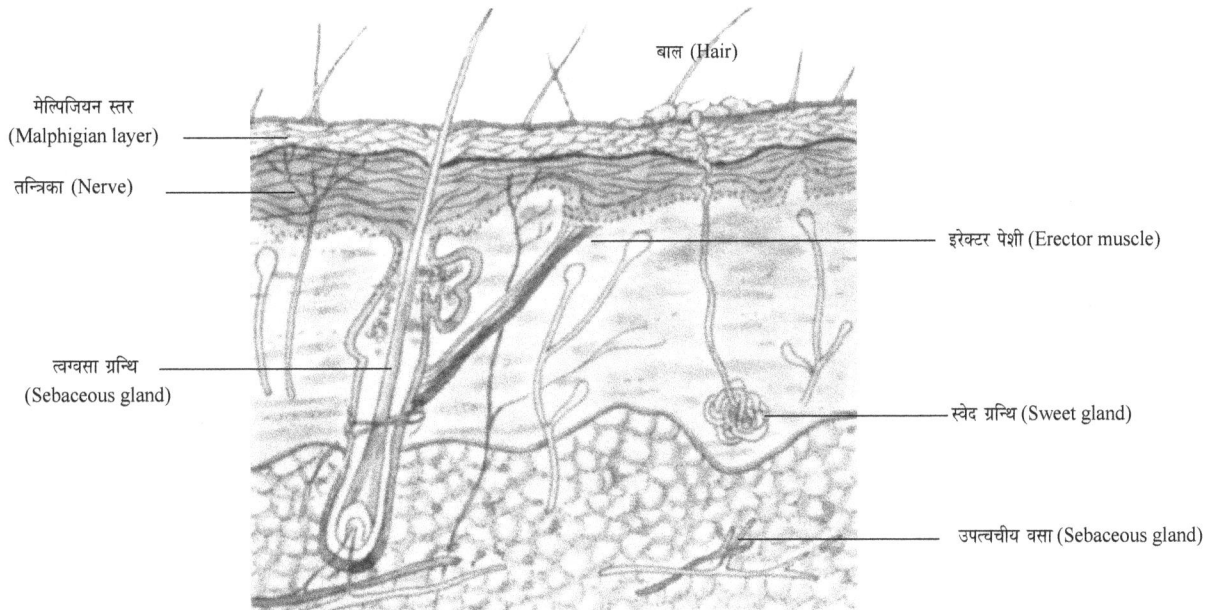

त्वचा की आन्तरिक रचना

मस्तिष्क (Brain)

मस्तिष्क हमारे शरीर का सबसे महत्त्वपूर्ण अंग है। वास्तव में यह शरीर का नियन्त्रण केन्द्र है। शरीर के विभिन्न भागों में सामंजस्य स्थापित करना, देखना, सुनना, सोचना, अनुभव करना या किसी बात को याद रखना आदि समस्त शारीरिक क्रियाएँ मस्तिष्क द्वारा ही नियन्त्रित होती हैं। मस्तिष्क का सम्बन्ध तन्त्रिका तन्त्र (Nervous system) से होता है। तन्त्रिकाएँ (Nerves) टेलीफोन के तारों की तरह सन्देशों को मस्तिष्क तक लाने तथा मस्तिष्क के आदेशों को विभिन्न अंगों तक पहुँचाने का कार्य करती हैं। मनुष्य के तन्त्रिका तन्त्र में लगभग 13 अरब कोशिकाएँ हैं, जिनमें से 10 अरब अकेले मस्तिष्क में हैं। मस्तिष्क का बायाँ भाग शरीर के दायें भाग को तथा दायाँ भाग शरीर के बायें भाग को नियन्त्रित करता है।

मनुष्य का मस्तिष्क खोपड़ी की मोटी हड्डियों के बीच सुरक्षित रहता है। एक वयस्क मानव के मस्तिष्क का वजन लगभग 1.4 कि.ग्रा. होता है। मस्तिष्क की तन्त्रिकाओं द्वारा सन्देशों को पहुँचाने की रफ्तार 400 कि.मी. प्रति घण्टा होती है।

मनुष्य के मस्तिष्क को तीन हिस्सों में विभाजित किया जा सकता है– सेरीब्रम (Cerebrum), सेरीबेलम (Cerebellum) और मस्तिष्क स्टेम तथा मेडुला ऑबलौंगाटा (Medulla Oblongata)।

सेरीब्रम : यह मस्तिष्क का सबसे बड़ा भाग है। यह भाग खोपड़ी के पिछले हिस्से में ऊपरी सतह पर स्थित होता है। यह दो गोलार्द्धों में बँटा होता है, जिन्हें सेरीब्रम गोलार्द्ध कहते हैं। इसकी सतह ग्रे मैटर (Grey matter) की बनी होती है और उस पर बहुत-से घुमाव और

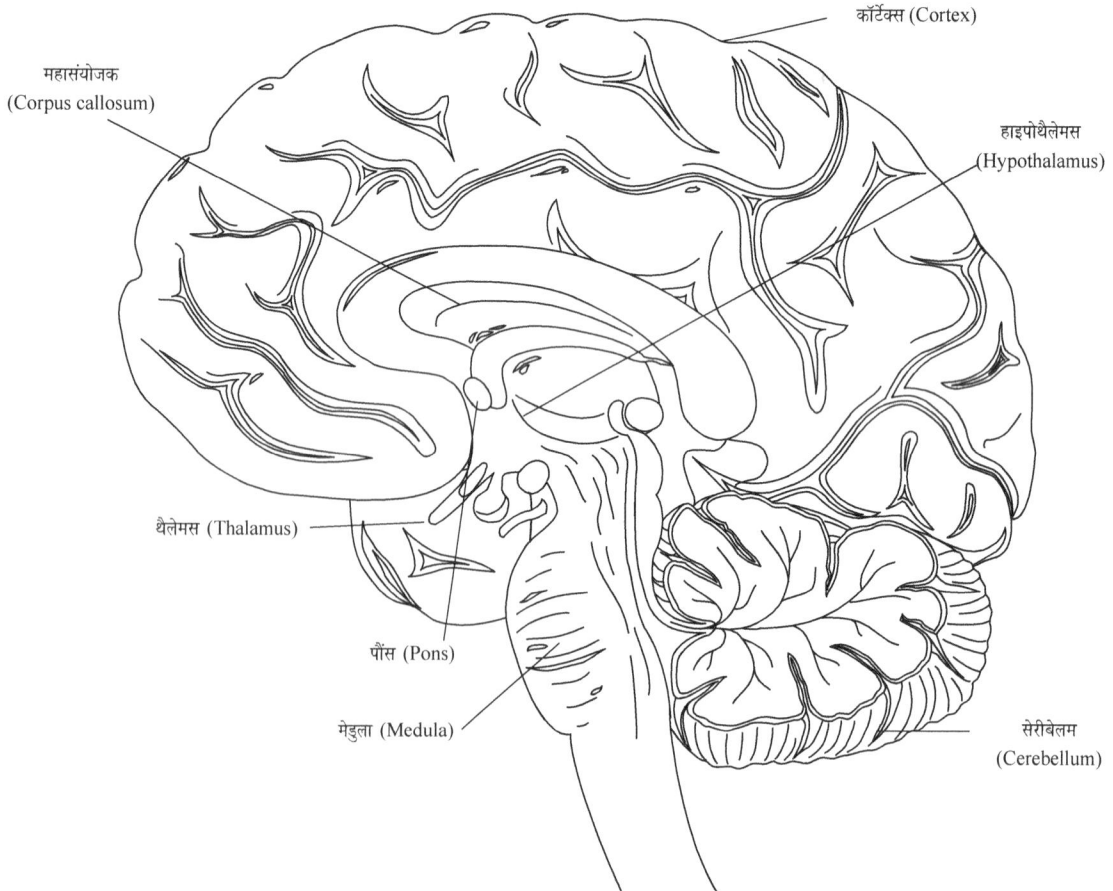

मस्तिष्क के भाग

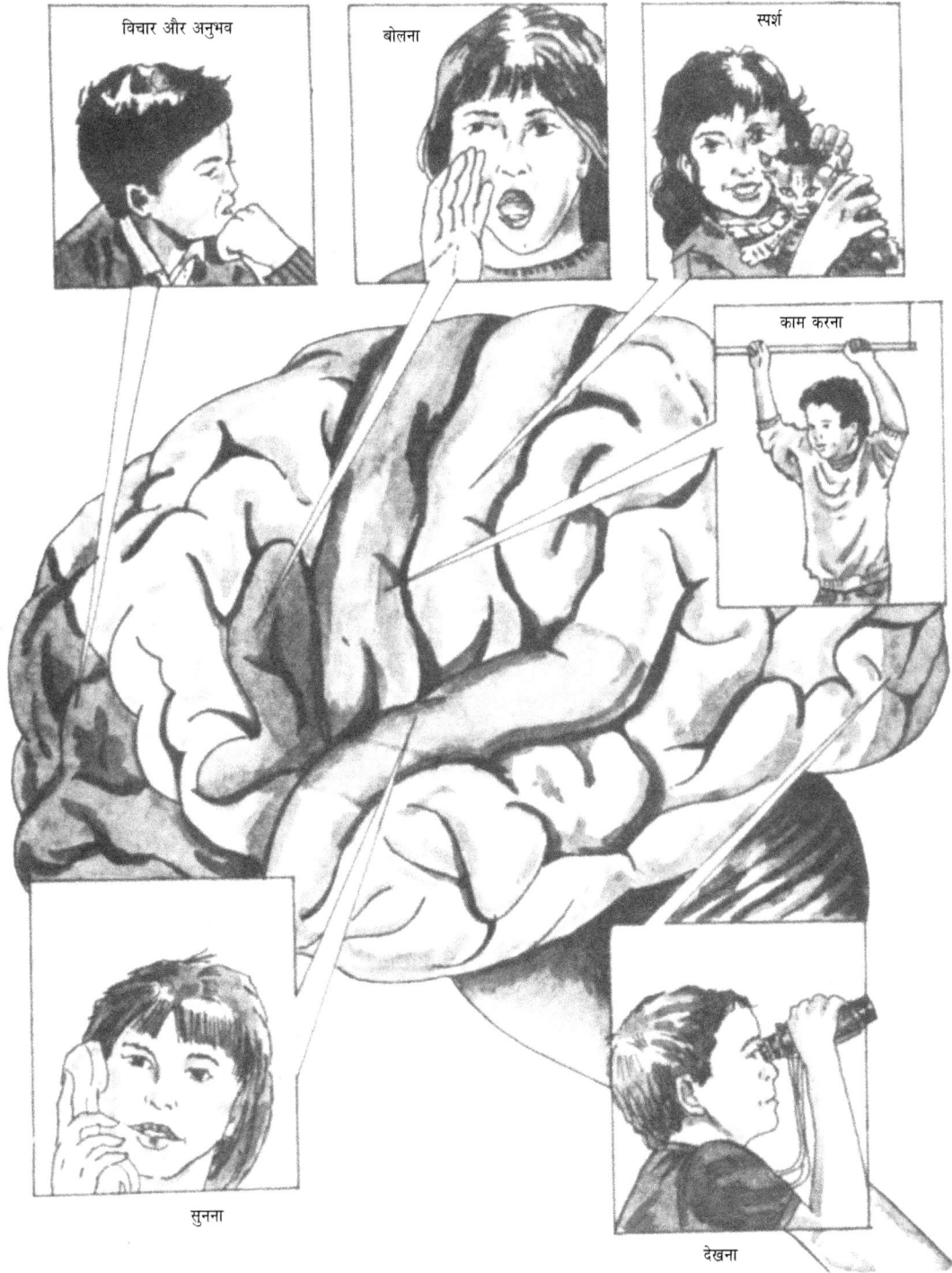

विचार और अनुभव

बोलना

स्पर्श

काम करना

सुनना

देखना

मस्तिष्क के विभिन्न क्षेत्र और उनके मुख्य कार्य

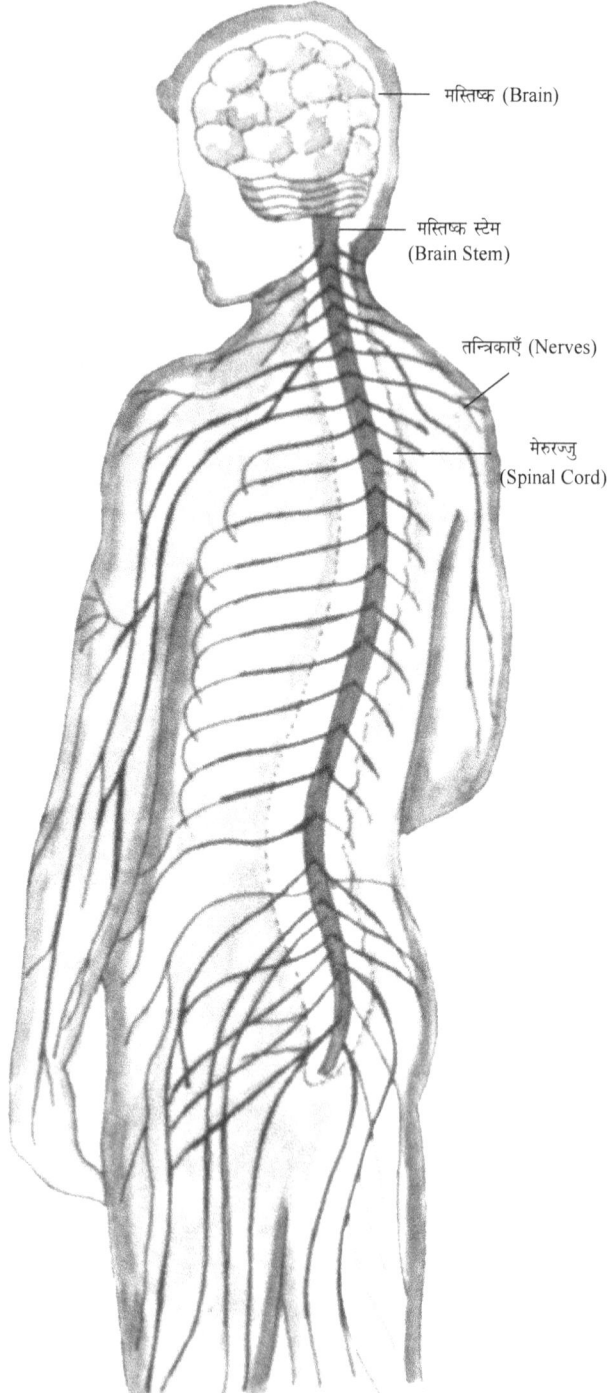

तन्त्रिका तन्त्र

मस्तिष्क (Brain)

मस्तिष्क स्टेम (Brain Stem)

तन्त्रिकाएँ (Nerves)

मेरुरज्जु (Spinal Cord)

झुर्रियाँ होती हैं। इस सतह के नीचे व्हाइट मैटर (White Matter) होता है। इसमें लगभग 25,000 लाख तन्त्रिका कोशिकाएँ होती हैं। मस्तिष्क का यह भाग सबसे महत्त्वपूर्ण है। इसके द्वारा ही स्मृति, सक्रियता, ज्ञान और अनुभव का नियन्त्रण होता है। मानव की प्रतिभा, दया, प्रेम, क्षमा आदि उच्च भाव इसी भाग की क्रिया का परिणाम हैं। यही हमारी चेतना (Consciousness) का स्थान है। यहीं से हमको भूख, प्यास, दर्द, ताप, गन्ध, सुख, दुःख का अनुभव होता है। यही भाग बोलना, सुनना, देखना, सूँघना, सोचना और याददाश्त को नियन्त्रित करता है। अंगों से काम कराने की जिम्मेदारी भी इसी भाग की है। मस्तिष्क के इन दोनों गोलार्द्धों में एक अधिक शक्तिशाली होता है। उदाहरण के लिए दायें हाथ से काम करने वाले व्यक्ति का बायाँ गोलार्द्ध अधिक प्रभावी होता है।

सेरीबेलम : मस्तिष्क में सेरीब्रम के नीचे का हिस्सा 'सेरीबेलम' कहलाता है। आकार में इसका दूसरा स्थान है। इस अंग में भी दो गोलार्द्ध होते हैं। इसका विशेष कार्य शारीरिक क्रियाओं का समन्वय (Co-ordination) करना और शरीर को सन्तुलित रखना है। हमारा शरीर इसी भाग की क्रिया से साम्यावस्था (Equilibrium) में रहता है।

मस्तिष्क स्टेम और मेडुला ऑबलौंगाटा : मस्तिष्क के इस भाग के द्वारा पौंस (Pons), सेरीब्रम और सेरीबेलम का मेरुरज्जु का सम्बन्ध स्थापित होता है। इसी के द्वारा तन्तु ऊपर से नीचे को तथा नीचे से ऊपर को जाते हैं। इसके नष्ट होने से तुरन्त मृत्यु हो जाती है। श्वास की क्रिया तथा हृदय की धड़कन की क्रियाओं का नियन्त्रण यहीं से होता है। इसमें स्थित हाइपोथैलेमस आँतों की गति, भावनाओं की प्रक्रिया तथा नींद को नियमित करता है। शरीर का तापमान, रक्तचाप और पिट्युटरी ग्रन्थि का नियन्त्रण भी हाइपोथैलेमस ही करता है।

मस्तिष्क खोपड़ी द्वारा सुरक्षित रहता है। यदि मस्तिष्क को रक्त की सप्लाई में कमी होती है, तो व्यक्ति बेहोश हो सकता है। यदि मस्तिष्क को पाँच मिनट तक ऑक्सीजन न मिले, तो इसकी कोशिकाएँ मर जाती हैं और फिर कभी भी जीवित नहीं हो सकतीं। मस्तिष्क की रसौली और कुछ दवाएँ मस्तिष्क के लिए बहुत घातक हैं। मस्तिष्क का बायाँ भाग शरीर के दाहिने भाग को और दायाँ भाग शरीर के बायें भाग को नियन्त्रित करता है।

❂❂❂

118

पाचन-तन्त्र (Digestive System)

भोजन नली (Alimentary Canal)
- मुख (Mouth)
- ग्रसनी (Pharynx or throat)
- ग्रसिका या इसोफेगस (Oesophangus or gullet)
- आमाशय (Stomach)
- छोटी आँत (Small intestine)
- बड़ी आँत (Large intestine)
- रेक्टम (Rectum)

जिस प्रकार मशीनों को चलाने के लिए ईंधन की आवश्यकता होती है, उसी प्रकार शरीररूपी मशीन की समस्त क्रियाओं के संचालन के लिए भोजन की आवश्यकता होती है। भोजन शरीर में पहुँचकर पाचन क्रिया के बाद जीवद्रव्य के निर्माण में भाग लेता है और ऑक्सीकृत होकर

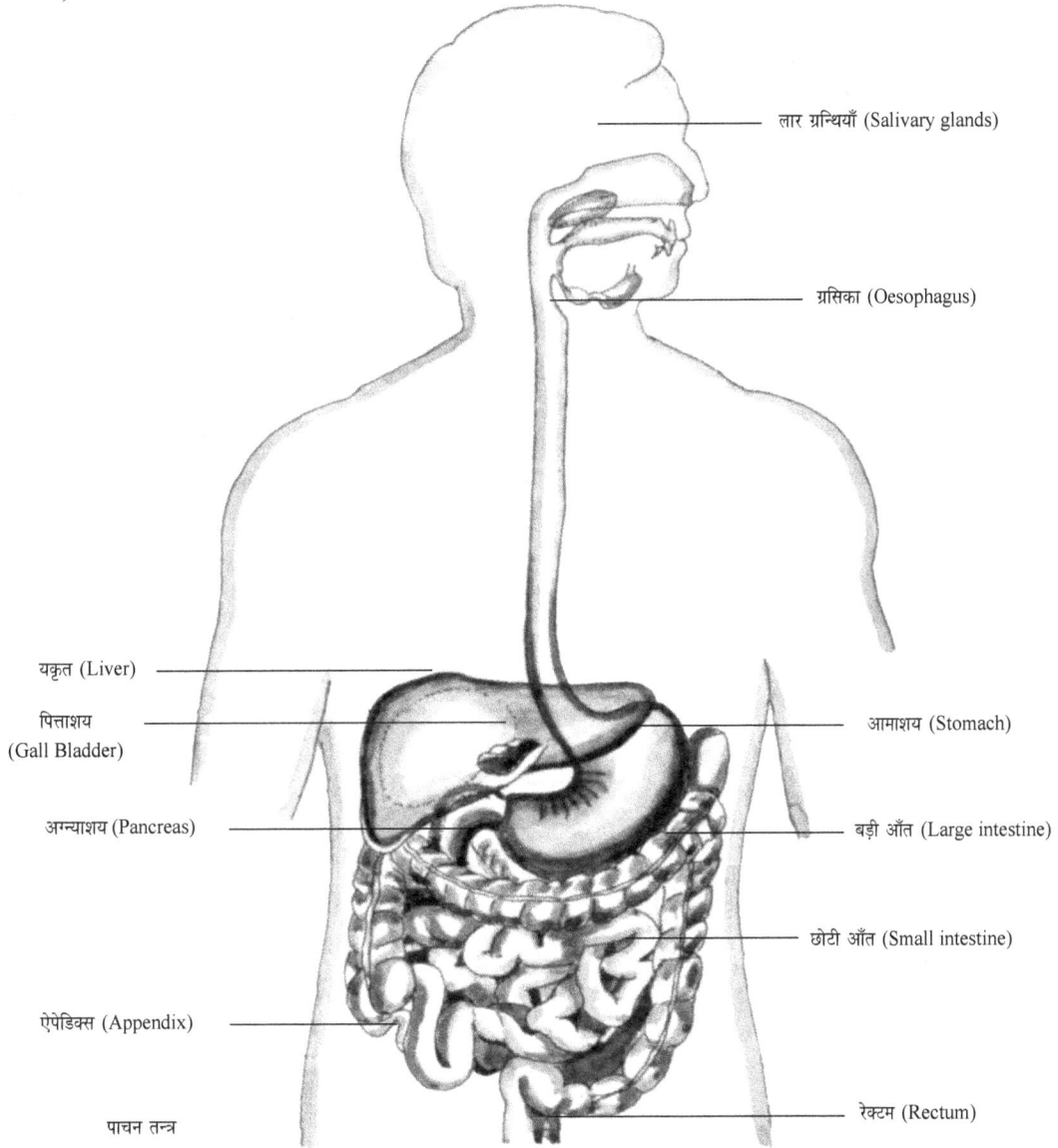

लार ग्रन्थियाँ (Salivary glands)

ग्रसिका (Oesophagus)

यकृत (Liver)

पित्ताशय (Gall Bladder)

अग्न्याशय (Pancreas)

ऐपेंडिक्स (Appendix)

आमाशय (Stomach)

बड़ी आँत (Large intestine)

छोटी आँत (Small intestine)

रेक्टम (Rectum)

पाचन तन्त्र

119

ऊर्जा का उत्पादन करता है। यही ऊर्जा शरीर में होने वाली जैविक क्रियाओं में प्रयोग होती रहती है। भोजन आम तौर पर ठोस अवस्था में होता है। शरीर में इस ठोस या अविलेय भोजन को पाचक रसों (Enzymes) की सहायता से रासायनिक अभिक्रियाओं द्वारा घुलनशील और अवशोषण योग्य बनाने की व्यवस्था होती है। इस कार्य में भौतिक और रासायनिक दोनों ही क्रियाएँ होती हैं। वह स्थान, जहाँ पर पाचन कार्य होता है, उसे 'भोजन नली' (Alimentary canal or Digestive tract) कहते हैं तथा वह अंग, जहाँ से रासायनिक द्रव निकलकर आते हैं और पाचन क्रिया में सहायता देते हैं, उसे 'पाचन ग्रन्थि' (Digestive gland) कहते हैं। इस प्रकार भोजन नली और पाचन ग्रन्थियाँ मिलकर 'पाचन-तन्त्र' (Digestive System) का निर्माण करती हैं।

स्वाद (Taste)

जीवन का आनन्द भोजन की विविधता और स्वाद में है। हमारी जीभ पर कुछ नन्हे-नन्हे उभार होते हैं, जिन्हें स्वाद-कलिकाएँ (Taste buds) कहते हैं। विभिन्न स्वाद-कलिकाओं में विशिष्ट तन्त्रिका कोशिकाएँ होती हैं, जो स्वाद की सूचना मस्तिष्क को पहुँचाती हैं। मीठे (Sweet), नमकीन (Salt), खट्टे (Sour) और कड़वे (Bitter) स्वाद के लिए जीभ के विभिन्न भागों में अलग-अलग स्वाद-कलिकाएँ होती हैं। चित्र में जीभ पर विभिन्न स्वाद-कलिकाओं और उनके द्वारा अनुभव किये गये स्वाद की स्थितियाँ दिखायी गयी हैं।

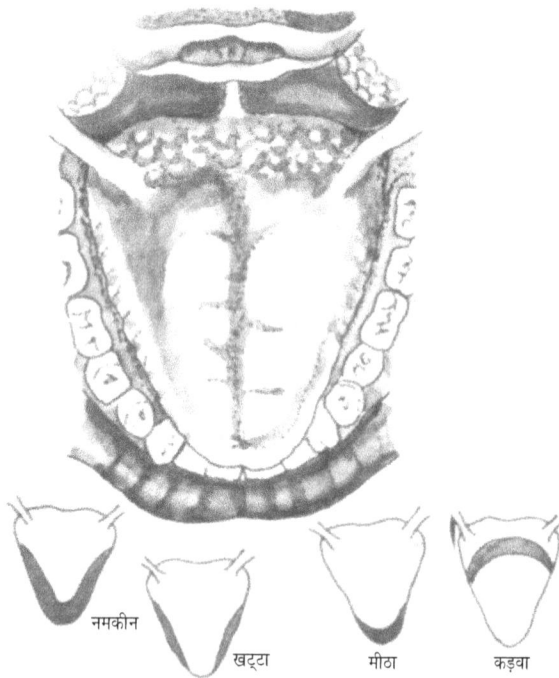

जीभ में स्वाद के विशेष क्षेत्र होते हैं, जिन पर स्वाद कलिकाएँ ;ज्ेंजम इनकेद्ध होती हैं। हमारी जीभ में 3,000 स्वाद कलिकाएँ हैं। मीठा स्वाद सबसे अधिक जीभ की नोक पर प्रतीत होता है। खट्टा उसके किनारे पर, कड़वा पिछले भाग पर और नमकीन बीच के भाग पर अनुभव किया जाता है।

भोजन कैसे पचता है?

भोजन की पाचन-क्रिया मुँह से ही आरम्भ हो जाती है। भोजन को चबाते समय मुँह में स्थित लार ग्रन्थियाँ (SalivUry glands) भोजन पर क्रिया करती हैं और कार्बोहाइड्रेट को शक्कर में बदल देती हैं। इसके बाद यह 'ग्रसनी' (Pharynx) में जाता है, जहाँ एक सेकेण्ड से भी कम समय रुक कर 'ग्रसिका' (Oesophagus) में पहुँचता है और 10 सेकेण्ड बाद भोजन 'आमाशय' (Stomach) में पहुँच जाता है। 'आमाशय' मशक के आकार का माँसपेशियों का बना एक थैला होता है। यहाँ इसमें हाइड्रोक्लोरिक अम्ल जैसे पाचक रस मिल जाते हैं, जो भोजन को अर्ध तरल में बदल देते हैं। तीन-चार घण्टे भोजन आमाशय में रहता है, जहाँ अनेक क्रियाओं के बाद यह 'ग्रहणी' (Duodenum) में पहुँचता है। यह छोटी आँत का 25-30 से.मी. का पहला भाग होता है। यहाँ भोजन के मिश्रण में एंजाइम और अग्नाशय (Pancreas), पित्ताशय (Gall bladder) और आँत की दीवारों में स्थित ग्रन्थियों के पाचक रस मिलते हैं। इसके बाद भोजन छोटी आँत में आगे बढ़ता है। कुण्डली के आकार की माँसपेशी की यह नली लगभग 6.5 मीटर लम्बी होती है। इसके तीन भाग होते हैं—ग्रहणी (Duodenum), जेजुनम (Jejunum) और इलियम (Ileum)। लगभग 5 घण्टे तक यहाँ पाचन क्रिया जारी रहती है और भोजन चीनी, एमिनो अम्लों और वसा में टूट जाता है। यहीं पर अँगुली जैसी संरचनाओं द्वारा पोषक तत्व रक्त तक पहुँचाये जाते हैं। रक्त परिसंचरण द्वारा ये पोषक तत्त्व समस्त शरीर में पहुँचते हैं।

छोटी आँत के बाद भोजन बड़ी आँत (Large intestine) में आता है। बड़ी आँत लगभग 1.8 मीटर लम्बी होती है। यहाँ पाचन क्रिया नहीं होती, बल्कि भोजन के पानी का अवशोषण होकर ठोस मल का गुदा द्वारा उत्सर्जन होता है। मल में अपचा भोजन, आँत की दीवारों से गिरी कोशिकाएँ, पित्त लवण और यकृत अम्ल होता है। गुदाद्वार से मल शरीर से बाहर निकल जाता है।

❂❂❂

उत्सर्जन-तन्त्र (Excretory System)

शरीर द्वारा अपशिष्ट तथा अवांछित पदार्थों का त्याग 'उत्सर्जन' (Excretion) कहलाता है। भोजन से हमें कार्बोहाइड्रेट, प्रोटीन, वसा आदि पदार्थ प्राप्त होते हैं। ये पदार्थ पचने के बाद पाचन नलिका से रक्त केशिकाओं द्वारा शरीर की विभिन्न ऊतक कोशिकाओं में पहुँचते हैं। कोशिकाओं के अन्दर ऊर्जा के लिए ऑक्सीजन द्वारा इन पदार्थों का ऑक्सीकरण होता है, जिसमें ऊर्जा के अलावा कार्बन डाईऑक्साइड, जल-वाष्प, अमोनिया, यूरिया, यूरिक अम्ल आदि हानिकारक पदार्थ बनते हैं। इनका शरीर से बाहर निकलना अति आवश्यक है, क्योंकि ये विषैले पदार्थ हैं। इनमें कार्बन डाइऑक्साइड, जल-वाष्प, श्वसन-क्रिया द्वारा बाहर निकल जाते हैं। एक व्यक्ति प्रति मिनट 0.2 लीटर कार्बन डॉइऑक्साइड का त्याग करता है। अमोनिया, यूरिया और यूरिक अम्ल रुधिर केशिकाओं के द्वारा यकृत में पहुँचते हैं, जहाँ अमोनिया यूरिया में बदल जाती है। नाइट्रोजन के यौगिक यूरिया और यूरिक अम्ल यकृत से रक्त द्वारा गुर्दों (Kidney)

में पहुँचते हैं। गुर्दे छन्ने का काम करते हैं और इन पदार्थों को रक्त से अलग कर देते हैं। एक व्यक्ति के गुर्दे प्रति मिनट लगभग 120 मि.ली. रक्त छानते हैं। समस्त रक्त को छानने की क्रिया एक दिन में लगभग 30 बार होती है। गुर्दों में लगभग 20 लाख छन्ने होते हैं।

छने हुए पदार्थ में यूरिया और यूरिक अम्ल के अलावा अन्य हानिकारक पदार्थ भी पानी में घुले होते हैं। ये सभी पदार्थ मूत्र के रूप में शरीर से बाहर निकल जाते हैं। एक दिन में एक व्यक्ति लगभग एक लीटर मूत्र त्याग करता है। व्यक्ति एक गुर्दे से भी जीवित रह सकता है। आज कल गुर्दे प्रतिस्थापित होने लगे हैं।

हमारी त्वचा भी उत्सर्जन का एक महत्त्वपूर्ण अंग है। त्वचा से पसीने के रूप में जल और लवण शरीर से बाहर निकल जाते हैं। एक व्यक्ति पसीने के रूप में 0.7 लीटर पानी और कुछ लवण प्रतिदिन शरीर से बाहर निकालता है।

❀❀❀

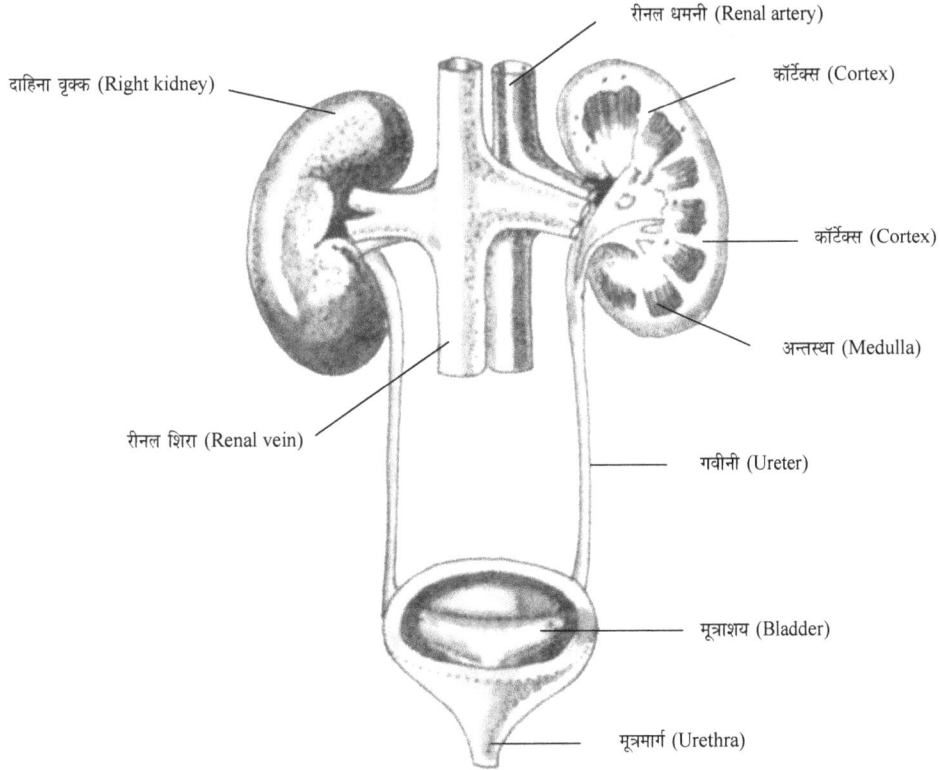

उत्सर्जन तन्त्र

121

श्वसन-तन्त्र (Respiratory System)

प्रत्येक प्राणी साँस लेता है। साँस लेना एक ऐसी प्रक्रिया है, जिसमें प्राणी खाद्य अणुओं को ऑक्सीकृत करके कोशिकाओं के लिए ऊर्जा पैदा करता है। साँस क्रिया के फलस्वरूप पानी और कार्बन डाइऑक्साइड बनते हैं। ये दोनों ही अपशिष्ट पदार्थ हैं, जिन्हें शरीर से बाहर निकालना जरूरी है। शरीर में हवा के अन्दर जाने व बाहर निकलने की क्रिया निरन्तर होती रहती है। साँस द्वारा हवा को अन्दर लेने और बाहर निकालने की क्रियाओं में एक सम्बन्ध होता है। श्वास लेने वाली क्रिया को 'उच्छ्वास' (Inspiration) और निकालने की क्रिया को 'निःश्वसन' (Expiration) कहते हैं। मनुष्य एक मिनट में 15 से 17 बार साँस लेता है। एक बार में 500 मिलीलीटर हवा अन्दर जाती है और इतनी ही बाहर आती है। साँस की क्रिया तीन पदों में पूरी होती है— उच्छ्वास, निश्वसन तथा विश्राम।

मनुष्य नाक या मुँह से हवा को शरीर के अन्दर ले जाता है। हवा जब नाक से अन्दर प्रवेश करती है, तो यह हल्की नम और गरम हो जाती है। नाक धूल-कणों को भी हवा से दूर कर देती है। यह हवा श्वास नलिका (Windpipe) से होती हुई फेफड़ों में जाती है। श्वसन-क्रिया के अन्तर्गत उच्छ्वास में सीने का फूलना पेशियों की क्रिया है। यह क्रिया ऐच्छिक (Voluntary) और अनैच्छिक (Involuntary) दोनों ही पेशियों द्वारा होती है। श्वसन की सामान्य क्रिया में केवल अन्तरापर्शुका पेशियाँ (Intercostal muscles) और डायफ्राम ही भाग लेते हैं। गहरी साँस लेते समय कन्धे, गर्दन और उदर की पेशियाँ भी सहायता करती हैं।

'फेफड़े' श्वसन-तन्त्र के अत्यन्त महत्त्वपूर्ण अंग हैं। ये वक्ष-गुहा की मध्य रेखा (Middle line of thoracic cavity) के दोनों ओर स्थित होते हैं। दायाँ फेफड़ा बायें फेफड़े से कुछ बड़ा होता है। ये स्पंजी होते हैं और प्रत्येक फेफड़ा एक दोहरी झिल्ली के बने थैले में सुरक्षित रहता है, जिसे फुफ्फुसावरण (Pleura) कहते हैं। फेफड़ों में लाखों कोशिकाएँ होती हैं। ये हृदय से आये हुए अशुद्ध रक्त को श्वसन-क्रिया में आयी हुई ऑक्सीजन से शुद्ध करते हैं तथा रक्त में घुली हुई कार्बन डाइऑक्साइड को बाहर निकालते हैं। रक्त की शुद्धि के बाद उसे पुनः हृदय को वापस भेज देते हैं।

श्वसन-क्रिया का नियन्त्रण मस्तिष्क के श्वसन-केन्द्र द्वारा स्वाभाविक रूप से होता रहता है। यह केन्द्र रक्त में उपस्थित कार्बन डाइऑक्साइड के प्रति संवेदनशील होता है। जैसे ही रक्त में कार्बन डाइऑक्साइड की मात्रा बढ़ती है, यह केन्द्र अधिक बार साँस लेने के लिए सन्देश भेजने लगता है और हमारी साँस दर बढ़ जाती है।

साँस लेने में गैस विनिमय होता है। जल-सन्तुलन बनाया जाता है। अम्ल-क्षार को नियमित किया जाता है। शरीर का तापमान नियन्त्रित होता है। शारीरिक क्रियाओं के लिए यह बहुत ही महत्त्वपूर्ण है।

❀❀❀

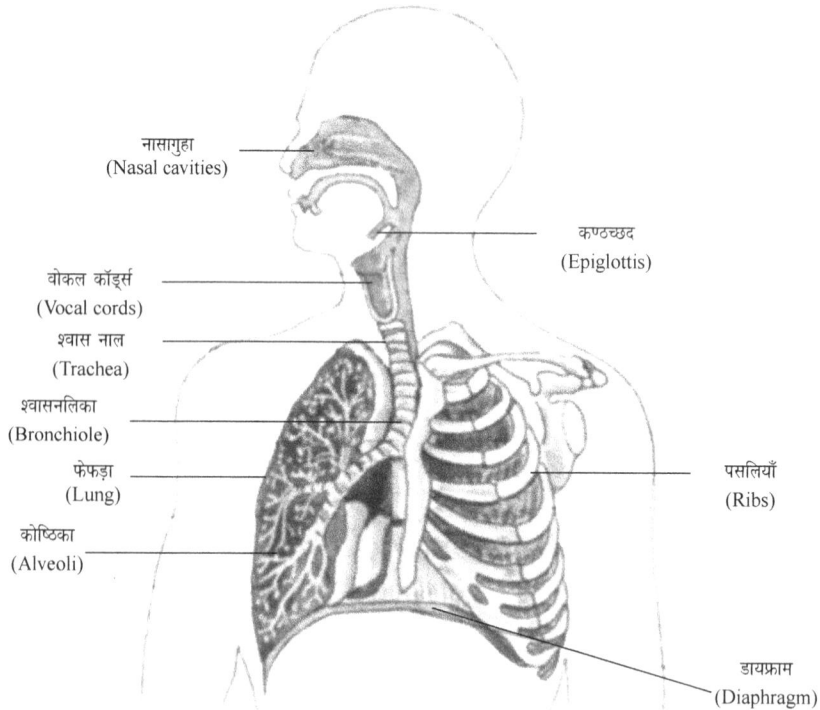

नासागुहा (Nasal cavities)
कण्ठच्छद (Epiglottis)
वोकल कॉर्ड्स (Vocal cords)
श्वास नाल (Trachea)
श्वासनलिका (Bronchiole)
फेफड़ा (Lung)
कोष्ठिका (Alveoli)
पसलियाँ (Ribs)
डायफ्राम (Diaphragm)

श्वसन तन्त्र

नेत्र (Eye)

आँखें या नेत्र हमारे शरीर के ऐसे महत्त्वपूर्ण अंग हैं, जिनसे हम अपने आसपास के वातावरण को देखते हैं। हमारी आँखों की बनावट गोलाकार है, जिसका व्यास लगभग 2.5 से.मी. होता है। यह माँसपेशियों की सहायता से इधर-उधर घूम सकती है। आँख की कार्यप्रणाली फोटोग्राफी कैमरे से मिलती-जुलती है। जिस वस्तु को हम देखते हैं, उससे चलने वाली किरणें कॉर्निया (Cornea) और नेत्रोद द्रव (Aqueous humour) से होकर पुतली (Pupil) के रास्ते से लेंस पर पड़ती हैं। लेंस इन्हें विट्रियस द्रव द्वारा मूर्तिपटल (Retina) पर फोकस कर देता है, जहाँ पर वस्तु का छोटा तथा उल्टा प्रतिबिम्ब (Image) बन जाता है। इस प्रतिबिम्ब से मूर्तिपटल की संवेदी कोशिकाएँ उत्तेजित हो जाती हैं। इससे उत्पन्न उद्दीपन (Stimulus) दृष्टिनाड़ी (Optic Nerve) के तन्तुओं द्वारा मस्तिष्क में पहुँच जाता है। मस्तिष्क प्रतिबिम्ब को सीधा कर देता है और वस्तु हमें वास्तविक रूप में दिखने लगती है। आँख के रेटिना की संवेदी कोशिकाओं को छड़ (Rods) और शंकु (Cones) कहते हैं। छड़ें धीमे प्रकाश के प्रति संवेदी होती हैं, जबकि शंकु हमें रंगों का आभास कराते हैं। संवेदी कोशिकाओं की संख्या लगभग 13 करोड़ है।

आँख के मुख्य भाग

- **अश्रु-ग्रन्थि (Lachrymal) या टियर ग्लैण्ड** : यह आँसू उत्पन्न करती है, जिससे आँख की सफाई होती रहती है।
- **आइरिस (Iris)** : इसके फैलने और सिकुड़ने से पुतली छोटी या बड़ी हो जाती है।
- **अवलम्बी स्नायु (Suspensory Ligaments)** : लेंस पर एक बारीक कैपसूल चढ़ा रहता है, जो एक अत्यन्त कोमल स्नायु (Ligament) के द्वारा रोमक पिण्ड (Ciliary body) से जुड़ा रहता है।
- **लेंस (Lens)** : यह कोमल और पारदर्शक होता है। यही आँख में वस्तु का प्रतिबिम्ब बनाता है।
- **काचाभ द्रव (Vitreous humour)** : जेली की भाँति पारदर्शक तरल पदार्थ।
- **नेत्रोद द्रव (Aqueous humour)** : यह जल-सदृश द्रव होता है।
- **कॉर्निया (Cornea)** : नेत्र-गोलक का सामने का स्वच्छ और अत्यन्त पारदर्शी भाग।
- **कोराइड स्तर (Choroid Layer)** : अत्यन्त कोमल काले रंग का स्तर, जो आँख में प्रकाश को फैलने से रोकता है।
- **मूर्तिपटल (Retina)** : प्रकाश-संवेदी पर्दा, जहाँ वस्तु का प्रतिबिम्ब बनता है।
- **दृष्टि नाड़ी (Optic nerve)** : यह प्रतिबिम्ब को मस्तिष्क तक ले जाने का कार्य करती है।
- **पीक स्पॉट** : यह सबसे बेहतर दृष्टि प्रदान करता है।
- **ब्लाइण्ड स्पॉट** : इस क्षेत्र में कुछ भी दिखायी नहीं देता।

प्रकृति ने हमारे शरीर में दो आँखें बनायी हैं। दो आँखों से हमें दूरी का सही-सही बोध होता है तथा वस्तुओं के ठोसपन और गहराई का पूर्ण ज्ञान प्राप्त होता है।

❀❀❀

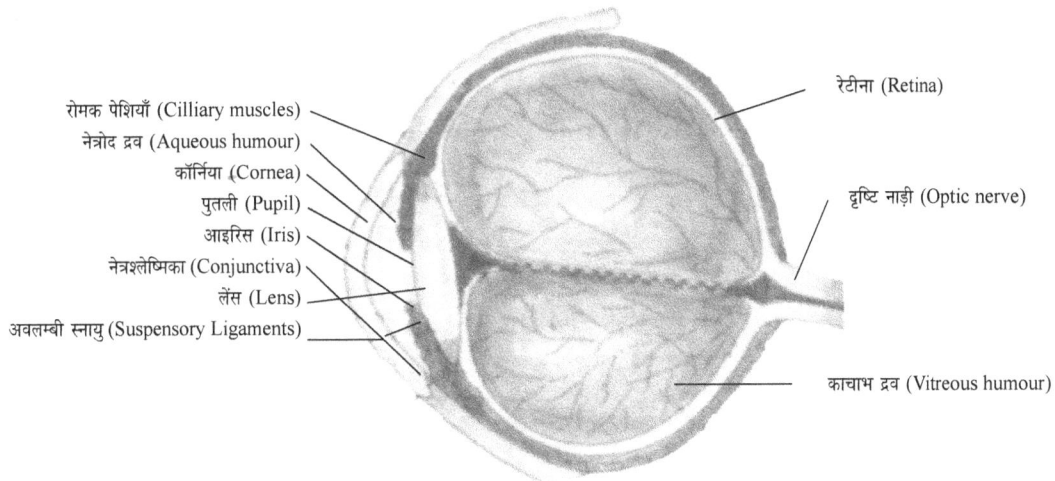

रोमक पेशियाँ (Cilliary muscles)
नेत्रोद द्रव (Aqueous humour)
कॉर्निया (Cornea)
पुतली (Pupil)
आइरिस (Iris)
नेत्रश्लेष्मिका (Conjunctiva)
लेंस (Lens)
अवलम्बी स्नायु (Suspensory Ligaments)
रेटीना (Retina)
दृष्टि नाड़ी (Optic nerve)
काचाभ द्रव (Vitreous humour)

आँख की आन्तरिक रचना

कान (Ears)

कानों से हम आवाज या ध्वनि तो सुनते ही हैं, लेकिन ये हमारे शरीर का सन्तुलन बनाये रखने में भी हमारी मदद करते हैं। बनावट के आधार पर कान को तीन भागों में बाँटा जा सकता है—बाह्य कान (Outer ear), मध्य कान (Middle ear) और आन्तरिक कान (Inner ear)।

जब किसी वस्तु से आवाज उत्पन्न होती है, तो ध्वनि तरंगें पैदा होती हैं। ये तरंगें बाह्य कान से होती हुई एक नली द्वारा कान के अन्दर पहुँचती हैं। मध्य कान का कर्ण पटल (Ear drum) या टिम्पैनिक झिल्ली (Tympanic membrane) इन तरंगों के टकराने से कम्पन (Vibrate) करने लगती है। कर्ण पटल के ठीक पीछे तीन छोटी-छोटी अस्थिकाएँ (Ossicles) होती हैं। इन्हें मैलियस या हैमर (Malleus or hammer), इंकस या इनविल (Incus or Anvil) तथा स्टेप्स या स्टिरप

(Stapes or Stirrup) कहते हैं। ये हड्डियाँ इन कम्पनों को कॉक्लिया (Cochlea) तक पहुँचा देती हैं। कॉक्लिया में एक द्रव पदार्थ (Fluid) भरा होता है, जिसके अन्दर तन्त्रिकाओं के सिर (Nerve endings) होते हैं। कॉक्लिया में कम्पन होने से यह द्रव पदार्थ भी कम्पन करने लगता है। इन कम्पनों से नाड़ियों के सिरे उत्तेजित हो उठते हैं और उत्तेजना से पैदा हुए संवेग श्रवण तन्त्रिका (Auditory Nerve) द्वारा मस्तिष्क में पहुँच जाते हैं। मस्तिष्क आवाज का विश्लेषण करता है और हमें आवाज़ सुनायी दे जाती है। हमारे कान तेज और मन्द सभी ध्वनियाँ सुन सकने में सक्षम होते हैं। कानों को निरोग रखने के लिए समय-समय पर उनकी सफाई करवानी जरूरी है।

कॉक्लिया के पीछे वेस्टीबुलर उपकरण होता है, जो शरीर का सन्तुलन बनाता है।

✿✿✿

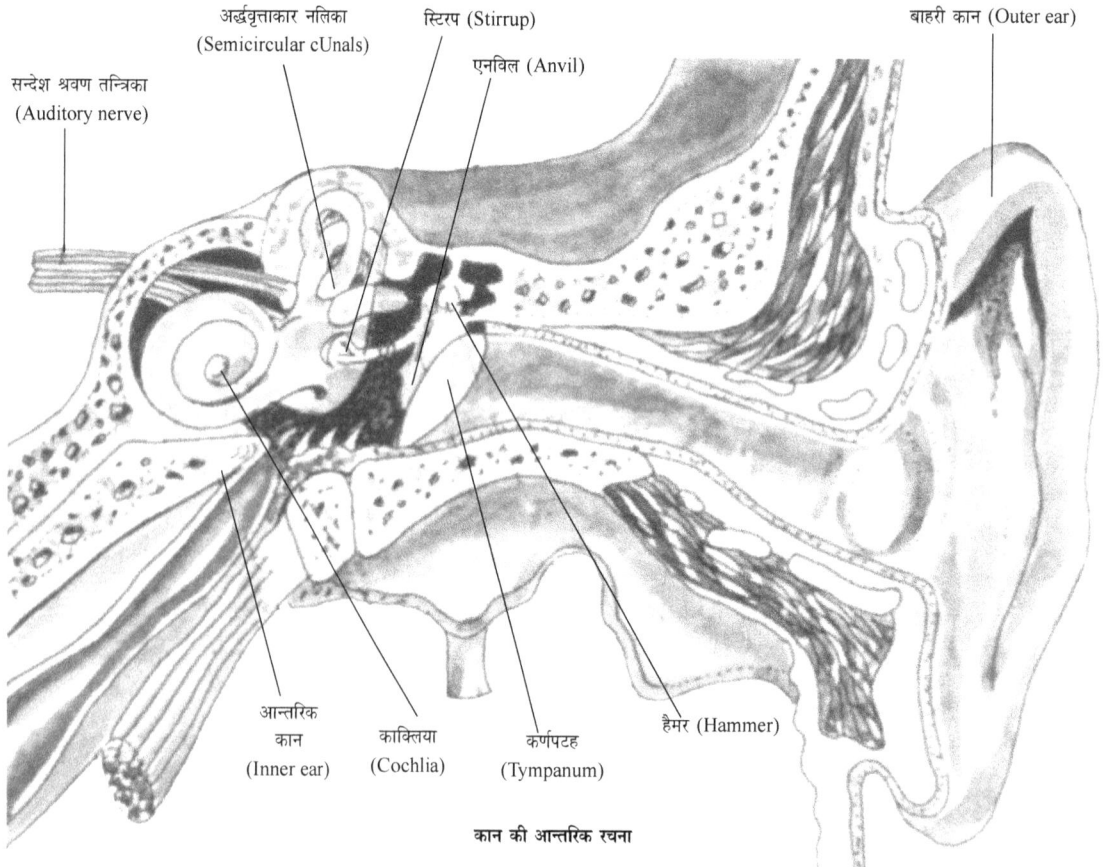

सन्देश श्रवण तन्त्रिका (Auditory nerve)
अर्द्धवृत्ताकार नलिका (Semicircular cUnals)
स्टिरप (Stirrup)
एनविल (Anvil)
बाहरी कान (Outer ear)
आन्तरिक कान (Inner ear)
काक्लिया (Cochlia)
कर्णपटह (Tympanum)
हैमर (Hammer)

कान की आन्तरिक रचना

दाँत (Teeth)

एक वयस्क व्यक्ति के मुँह में 32 दाँत होते हैं। 16 दाँत ऊपर के जबड़े में और 16 दाँत नीचे के जबड़े में होते हैं, जिनमें मध्य से 8 दायीं ओर और 8 बायीं ओर होते हैं। ऊपर और नीचे के जबड़ों में दाँत एक महराब या चाप के रूप (Dental arch) में व्यवस्थित होते हैं। ऊपर और नीचे के दोनों दन्तचापों में सामने दो छेदक या कर्त्तनक (Incisor) दाँत होते हैं। इनका मुख्य काम खाद्य पदार्थों को कुतरना और काटना है। इनके बाहर एक भेदक (Canine) दाँत होता है। यह फाड़ने का काम करता है। इसके पीछे दो अग्रचर्वणक (Premolar) दाँत होते हैं। उनके पीछे तीन चौड़े चर्वणक (Molar) दाँत होते हैं, जिनको आम भाषा में दाढ़ कहते हैं। इन पाँचों दाँतों का काम भोजन को चबाना है। एक दाढ़ काफी बड़ी उम्र में निकलती है, जिसे अक्ल दाढ़ (Wisdom Tooth) कहते हैं।

बच्चों में दाँतों की संख्या कम होती है। इन्हें दूध के दाँत (Deciduous or Milk Teeth) या अस्थायी दाँत (Temporary Teeth) कहते हैं। ये छठे वर्ष की उम्र से गिरने लगते हैं। इनके गिरने के बाद स्थायी दाँत निकलते हैं। दूध के दाँत बच्चे के मुँह में 20 होते हैं। इनके गिरने से 32 स्थायी दाँत निकलते हैं।

हम प्रत्येक दाँत को दो भागों में बाँट सकते हैं— मसूड़ों से ऊपर वाला भाग, जिसे क्राउन (Crown) कहते हैं और मसूड़ों से नीचे वाला भाग, जिसे मूल (Root) कहते हैं। जहाँ क्राउन और मूल मिलते हैं, उसे नेक (Neck) कहते हैं।

प्रत्येक दाँत तीन परतों से बना होता है। ऊपरी परत, जो सबसे कठोर होती है, 'एनेमल' (Enamel) कहलाती है। इसके नीचे की परत को 'डेन्टाइन' (Dentine) कहते हैं और सबसे नीचे की परत को 'पल्प' (Pulp) कहते हैं। डेन्टाइन हड्डी की भाँति होता है। सबसे नीचे दाँत की जड़ या मूल होती है।

चीनी या मीठी चीजें खाने से दाँतों में बैक्टीरिया बहुत अधिक हो जाते हैं। ये चीनी पर क्रिया करके अम्ल बनाते हैं। यह अम्ल दाँतों के एनेमल पर हमला करता है और दाँतों में केविटी बना देता है। बहुत गरम और ठण्डी वस्तुएँ भी दाँतों के लिए हानिकारक हैं। दाँतों को सुरक्षित और स्वस्थ रखने के लिए हर भोजन के बाद दाँतों को साफ करना जरूरी है।

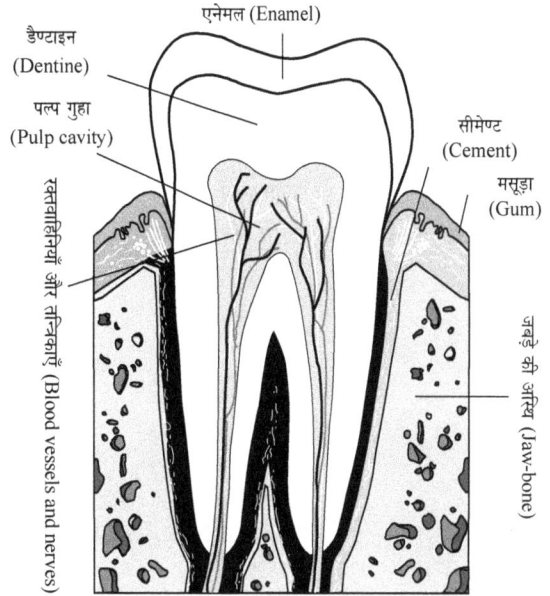

✿✿✿

एनेमल (Enamel)
डैन्टाइन (Dentine)
पल्प गुहा (Pulp cavity)
रक्तवाहिनियाँ और तन्त्रिकाएँ (Blood vessels and nerves)
सीमेण्ट (Cement)
मसूड़ा (Gum)
जबड़े की अस्थि (Jaw-bone)

दाँत की आन्तरिक रचना

कर्त्तनक
भेदक
अग्रचर्वणक (Premolars)
चर्वणक (Molars)
बच्चे के दूध के दाँत (Child's milk teeth)
वयस्क के स्थायी दाँत

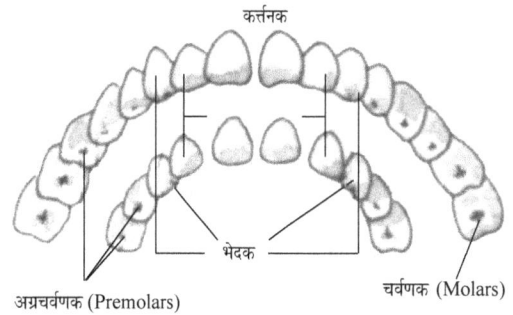

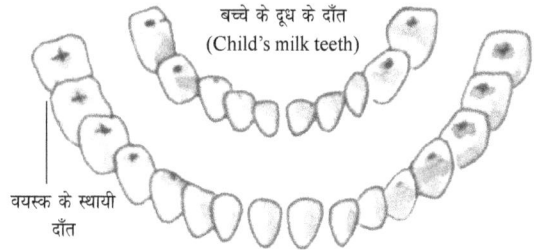

बच्चे और वयस्क के दाँत

125

नया जीवन (New Life)

सभी प्राणियों में जीवन की शुरुआत केवल एक कोशिकीय जीव से होती है। सम्भोग क्रिया के परिणामस्वरूप पिता का एक शुक्राणु (Sperm) माता के एक डिम्ब (Egg) में प्रवेश करता है। इसे गर्भधारण (Conception) कहते हैं। यह नयी कोशिका (Cell) माता के गर्भाशय (Womb) में विकसित होती है। निषेचित डिम्ब गर्भाशय में अवस्थित के बाद स्वयं को विभाजित करते हुए एक से अनेक कोशीय संरचना में परिवर्तित और परिवर्धित होता जाता है। ये ही कोशिकाएँ अनगिनत संख्या में जुड़कर बच्चे का विकास करती हैं। 9 महीने की अवधि में एक नया जीवन 'शिशु' के रूप में विकसित होकर जन्म लेता है। इस प्रकार नये जीवन का आरम्भ होता है।

यदि एक ही अण्डे का गर्भीकरण होता है और वह अण्डा दो में टूट जाता है, तो एक जैसे जुडवाँ बच्चे पैदा होते हैं और यदि एक साथ दो अण्डे गर्भित होते हैं, तो दो बच्चे एक जैसे नहीं होते। ये दोनों बच्चे समलैंगिक या विषम लैंगिक, कोई भी हो सकते हैं।

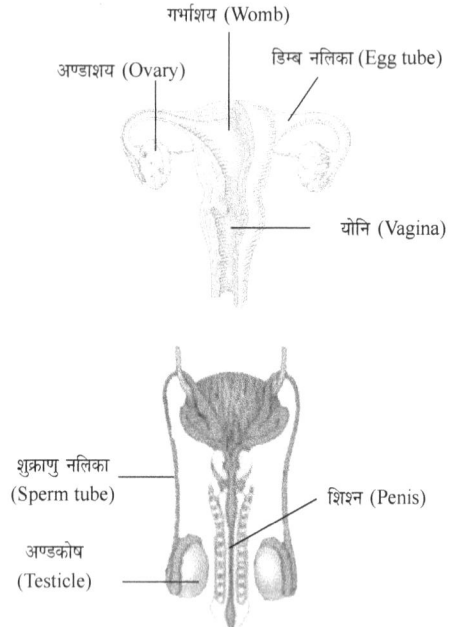

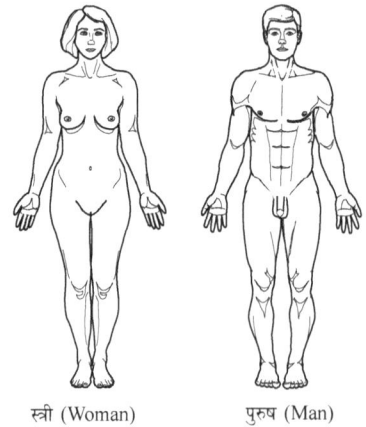

डिम्ब (Egg)
शुक्राणु (Egg)

गर्भाशय (Womb)
अण्डाशय (Ovary)
डिम्ब नलिका (Egg tube)
योनि (Vagina)

शुक्राणु नलिका (Sperm tube)
शिश्न (Penis)
अण्डकोष (Testicle)

स्त्री (Woman) पुरुष (Man)

अन्त में....

हम आशा करते हैं कि प्रस्तुत पुस्तक में आपकी सम्पूर्ण जिज्ञासाओं का समाधान हो गया होगा। अपनी अन्य जिज्ञासाओं के समाधान हेतु आप हमारे यहाँ से प्रकाशित इस विषय की कोई दूसरी पुस्तक लेकर अपने ज्ञान में वृद्धि कर सकते हैं।

www.ingramcontent.com/pod-product-compliance
Lightning Source LLC
Chambersburg PA
CBHW081156270326
41930CB00014B/3176
9789350576731